Bénédicte Ann

Auto diagnostic amoureux

JE ME RÉCONCILIE AVEC MOI-MÊME
J'ANALYSE MON CV SENTIMENTAL
JE TROUVE UN BON PARTENAIRE DE VIE

LES ÉDITIONS DE L'HOMME
Une compagnie de Quebecor Media

Introduction

Aujourd'hui, beaucoup d'hommes et de femmes, toutes générations confondues, peinent à nouer une relation intime
durable. Ils traversent parfois une misère affective et sexuelle en
décalage avec les représentations véhiculées par les médias. Ils ne
savent plus comment avancer. Ils refusent de passer des années
sur un divan ou en face-à-face avec un psychothérapeute. Et, surtout, ils aspirent à un changement rapide dans leur vie.

Dans cette logique, ils se précipitent : le manque de discernement, l'impatience et un incommensurable besoin de tendresse et
d'attention laissent libre cours à leurs pulsions et les propulsent
dans des liaisons insatisfaisantes. Non seulement ils mettent
ensuite des années à se remettre de leur chagrin, mais ils perdent
progressivement la foi en eux-mêmes et en l'autre.

Comme j'ai pu l'expliquer dans mon précédent livre, *Le prochain, c'est le bon !*[1], les règles du jeu ont changé. Évolution des
mœurs, multiplication des occasions, erreurs de *casting*, manipula-
tions par des « Cruella » ou des « *bad boys* »… Autant de raisons de
ne plus se risquer de douter, de se cabrer, ou de faire n'importe
quoi, pour oublier sa souffrance ou sa solitude profonde, dans une
société pourtant riche en moyens de communication.

---

1. Bénédicte Ann. *Le prochain, c'est le bon !*, Albin Michel, 2011.

Pourtant, même après la parution de milliers d'ouvrages sur le sujet, le pays de l'amour reste une des dernières contrées à explorer. Ses paysages, riches de diversité, invitent à des joies subtiles, à des saveurs uniques. En définitive, ces hommes, ces femmes, quel que soit le pollen dont ils se sont nourris, se damneraient pour une destination qui réponde à leur profond désir de partage, de romance et de tendresse.

Contre toute attente, les répercussions de la révolution sexuelle ne suffisent pas à expliquer l'augmentation du nombre de séparations après une poignée d'années. Le contexte du mariage de vos parents, l'éducation que vous avez reçue, les divorces et les drames dans votre famille vous influencent tout comme votre place dans la fratrie, le favoritisme, les jalousies, les déménagements. À cela s'ajoutent parfois le rôle du vilain petit canard, le fait d'être le jouet de papa, de maman ou l'incarnation du rêve de l'un d'eux. Sans oublier l'environnement culturel, les contes de fées, les voyages, les premiers béguins, la scolarité, voire un puzzle de ces différents éléments.

Par la suite, les parcours affectifs s'inscrivent dans la continuité de ces vécus, et chacun se construit par identification ou par opposition. D'espoir en rejet, de passion dévorante en fiasco retentissant, de longue phase de célibat en monotonie conjugale, de thérapie décevante ou inadéquate en refus de prendre sa part de responsabilité dans ce qui arrive, d'aucunes ont essayé d'avancer, d'autres se sont arc-boutés sur leurs appréhensions.

En cas de blocage ou de répétition du scénario amoureux, certaines pratiques s'avèrent efficaces à condition de les utiliser de façon appropriée, sans brûler les étapes ou prendre la tangente. La vague déferlante du développement personnel et de la spiritualité correspond à un besoin véritable d'authenticité et d'évolution. Alors, comment se repérer parmi toutes ces propositions ?

Depuis la création des Cafés de l'Amour en 2004, j'ai organisé des ateliers pour comprendre ce qui retardait la rencontre d'une âme sœur, testé avec différents praticiens de nombreux stages de développement personnel ainsi que des « méthodes » récemment accessibles. Quand l'enseignement, efficace, le justifiait, j'ai suivi le cursus de formation attenant. Dès lors, j'ai approfondi mes réflexions autour de la relation amoureuse, de ses déclinaisons et, surtout, j'ai identifié des solutions gagnantes.

Ce guide contient des analyses de situations et des pistes destinés à vous autodiagnostiquer. Il privilégie l'expérimentation. Il propose des pistes variées et explore différentes approches, des plus classiques aux plus surprenantes pour accélérer la résolution de chaque situation.

Dans la partie 1, vous traquerez un éventuel fantôme, couperez les derniers liens avec votre ex et tournerez enfin la page sur votre dernier échec amoureux. La partie 2 vous aidera à décortiquer les schémas qui ont marqué votre parcours relationnel ainsi que les conflits de loyauté encore susceptibles de vous freiner dans la rencontre d'une âme sœur. Dans la partie 3, tout est mis en œuvre pour vous aider à traverser le mur des peurs et à vous ouvrir. Enfin, la partie 4 est celle du passage à l'acte. Vous y découvrirez comment attirer une personne qui soit en phase avec votre sensibilité, vos goûts et votre projet affectif.

Si vous avez déjà réalisé les exercices proposés dans mon ouvrage précédent, reprenez le cahier bleu pour les parties 1, 2 et 3, et le rouge pour la partie 4. Sinon, achetez un grand cahier de la couleur qui vous convient, et notez-y, au fur et à mesure, les consignes et vos réponses. Bien que la plupart des exemples et situations conviennent aux deux sexes, le parti pris est féminin, pour en faciliter la lecture.

Toutes les informations concrètes, issues du terrain, dont vous pourriez avoir besoin pour partir à la quête d'une âme sœur se trouvent déjà dans *Le prochain c'est le bon !*[2].

Au final, vos intentions, votre attitude, le choix de vous ouvrir à chaque instant et quoi qu'il arrive comptent davantage que tous les outils du monde. Savoir au préalable ce que vous avez envie de partager sur le plan affectif, être convaincue que la vie s'apprête à

---

2. Bénédicte Ann. *Le prochain, c'est le bon !*, Albin Michel, 2011.

vous sourire et rester centrée sur vous, sur votre motivation, constituent les conditions essentielles (mais pas suffisantes) pour trouver un partenaire qui vous convienne.

PARTIE 1

Bye bye, les fantômes !
Je tourne la page de mes amours passées

Parmi les difficultés éprouvées par les êtres en quête d'une relation durable, la principale réside dans un attachement indéfectible, la plupart du temps inconscient, à un partenaire passé, voire très ancien. Même si plusieurs histoires se sont succédé depuis, ces chercheurs d'amour constituent un couple invisible avec leur fantôme et la nostalgie qui l'accompagne. Leur propension à magnifier les souvenirs liés à cette relation leur permet d'en occulter, voire d'en nier les aspects moins glorieux. Ils entretiennent ainsi cette habitude sourde qui consiste à s'évader dans un film réalisé sur mesure, à l'image de leurs illusions. Ils s'accrochent à ce revenant dont ils rêvent de se débarrasser mais qui, en définitive, donne bien plus de sens à leur vie qu'ils ne se le figurent.

Il existe plusieurs sortes de fantômes. Dans la catégorie la plus répandue sévit l'amour de jeunesse. Généralement, le destin d'une adolescente croise celui d'un étranger au cours d'un voyage. Une idylle démarre et, rapidement, les aléas de la vie, les parents, la distance les séparent. Parfois, il s'agit d'une adoration platonique non déclarée pour un camarade d'école, susceptible de hanter la passionnée de longues années.

Plus fréquemment, le fantôme a marqué sa proie le temps d'une relation soutenue, interrompue par des circonstances singulières : disparition sans explications, dépendance grave (aux drogues, par exemple) qui a obligé la « victime » à s'éloigner. Depuis, cette dernière oublie les crises de manque et les comportements caractériels pour ne retenir que les bons moments.

Enfin, le fantôme éjecté pour diverses raisons (« Tu n'es pas assez ceci, je suis trop cela, je veux profiter de la vie avant de m'engager ») se voit, dix ou vingt ans plus tard, réhabilité avec le recul et considéré comme une personne formidable à côté de laquelle la vie eût été délicieuse.

Que la « victime » ait subi la rupture ou qu'elle l'ait induite importe en définitive assez peu. À certains moments, nul ne sait plus exactement qui a initié la décision, si elle a été suggérée ou si elle apportait une réponse ponctuelle à une crise qui aurait sans doute pu se résoudre. Malgré les années, un goût de paradis perdu reste. Cela explique pourquoi d'aucuns se cherchent, se retrouvent après vingt ou soixante ans, s'énamourent et s'accueillent avec dans les yeux la flamme des premiers jours.

Combien de fois entend-on : « J'ai fini mon deuil, tout est clair de ce côté-là. » Pourtant, derrière ce joli discours, une triste réalité se dessine. Soit l'autre, sans cesse évoqué, demeure une référence et brille par son absence. Ou, au contraire, il envahit l'espace qu'il a pourtant laissé vide.

Géraldine, hantée par son fantôme, en donne une définition réaliste : « Même si ma raison sait que j'ai bien fait de quitter mon ancien partenaire (alcool, jalousie, etc.), j'ai du mal à tourner complètement la page. J'ai été fiancée avec lui et il reste un peu, dans mon cœur, l'homme avec lequel j'étais prête à fonder une famille et auprès duquel je voulais finir ma vie... Je peux dire que je n'ai pas complètement tourné la page, car il m'arrive encore de rêver de lui, même après six ans de séparation, ou d'espérer qu'il me contacte. Je ne sais pas comment couper ce lien de mon côté. Lui l'a définitivement coupé le jour où il a rencontré quelqu'un avec qui il a décidé de faire sa vie. Depuis, je n'ai plus de nouvelles. »

AI-JE VRAIMENT TERMINÉ LE DEUIL DE CELUI QUI A LE PLUS COMPTÉ?

AUTODIAGNOSTIC 1

IDENTIFIER L'ÉVENTUEL FANTÔME

Faites la liste des partenaires qui ont le plus compté dans votre vie, par ordre d'importance décroissante. Notez qu'il n'existe aucun rapport entre la durée et l'importance de la relation. Une fois la liste dressée, comparez les partenaires deux à deux: A et B, puis B et C, C et D, etc. Rectifiez si nécessaire votre classement, sélectionnez les trois ex qui vous ont le plus marquée, puis, en procédant par élimination, identifiez enfin le gagnant, « l'ex mythique ».

UN EX PEUT EN CACHER UN AUTRE

L'ex mythique correspond-il à celui auquel vous songiez avant de faire cet autodiagnostic? Et si vous étiez encore éprise d'un ancien partenaire, voire du tout premier? Peut-être, après cette « grande histoire », vous êtes-vous apaisée auprès d'un être dévoué et bienveillant qui, selon l'expression consacrée, ne vous « faisait pas vibrer », mais auquel vous étiez attachée? Ces relations de guérison ou de transition peuvent durer quelques années. Pour autant, malgré leur succession, un lien bien vivace persiste, qui peut expliquer nombre de difficultés affectives, pendant et après une longue ou intense tranche de vie à deux.

Être encore reliée à l'ex mythique vous a probablement empêchée de vous laisser toucher en profondeur par un nouveau partenaire, même si entre-temps vous avez convolé et êtes devenue mère. À moins que vous n'ayez enchaîné depuis une série d'aventures: autant de façons d'agir tout en restant fidèle à cette figure légendaire. Alors, quand vous prétendez avoir fait le deuil, évoquez-vous celui de votre ex-conjoint, du père de votre progéniture, ou de l'être qui a brisé votre cœur et dont vous continuez à chérir le souvenir? Au fond de vous, avouez-le, vous savez bien que personne ne lui arrivera à la cheville…

Je danse avec mon fantôme

Curieusement, les hommes qui arrivent après la fameuse passion dévastatrice se caractérisent par des qualités rassurantes, souvent diamétralement opposées à celles du fantôme. Par exemple, ce dernier vous trompait, or la fidélité fait partie des valeurs des «gentils garçons». Dans la même veine, l'ex mythique piquait des crises, se dispersait, s'organisait mal ou dépensait son argent compulsivement, alors que celui qui lui a succédé était calme, méthodique et gérait son budget avec justesse. Attitude apaisante, certes, mais qui manquait singulièrement d'audace, vous souffle encore aujourd'hui une petite voix intérieure.

Si le fantôme possédait toutes les qualités, s'habillait de vertus et, en plus, s'est offert le luxe de vous quitter pour votre meilleure amie, préparez-vous à un rude combat, que vous gagnerez naturellement!

Chérir en silence cet être suranné vous comble et vous nourrit. C'est un peu comme si vous dissimuliez un amant dans votre jardin secret. Vous en tirez deux avantages: biberonner à la demande un lait au goût délicieux (le souvenir) et vous protéger, grâce à ce spectre, d'un éventuel rejet, insupportable, dont vous pourriez souffrir à nouveau.

À tout prendre, vous préférez danser avec un fantôme apprivoisé plutôt que de risquer de vous abandonner à un inconnu qui vous blesserait encore. Dans cette perspective, demandez-vous si celui dont vous avez été la plus éprise est celui qui vous a le plus aimée. Si oui, estimez-vous heureuse d'avoir fait partie d'un cercle restreint d'élus.

Parfois, votre détachement relatif a probablement suscité chez vos soupirants de moindre importance un intérêt puissant. Sans doute pensaient-ils qu'avec eux ce serait différent? Que vous finiriez par changer d'avis et les aimer!

Certains vous ont vénérée à la hauteur de votre propre immolation sur l'autel du désir de «l'ex mythique». Et par un curieux hasard de la vie, vous leur avez imposé des affres similaires à celles que vous avez vécues. Il ne s'agit là ni de justice ni de vengeance, mais d'un simple mouvement de vases communicants qui illustre cette phrase trop célèbre: «Le désir naît du manque», ou, variante populaire: «Suis-moi, je te suis, fuis-moi, je te suis.»

Décortiquons une situation triangulaire relativement classique avec comme personnages principaux, Émilie, la jeune femme romantique, Damien le *bad boy* immature et Cyril, le phobique de l'engagement. Émilie, quittée par Damien, après quelques années de relation chaotique et conditionnelle, a suivi les conseils de sa meilleure amie: disparaître pour créer le manque. Seulement, elle n'a pas mis en place l'autre aspect de cette stratégie, penser à elle et se reconstruire. D'ailleurs, Damien, loin d'en souffrir, relance une ex, et s'installe chez elle à mi-temps. Pendant ce temps, Émilie, dépendante d'un éventuel retour, se précipite vers la première relation de guérison venue avec Cyril. Bien entendu, Damien, titillé dans sa jalousie, revient vers Émilie. Cette dernière, ravie, replonge tout en gardant Cyril au chaud… Soudain, Cyril, qui sent une absence de fluidité, la tarabuste d'appels, de courriels pour des prétextes fallacieux. Face à ce harcèlement, Émilie, exaspérée, quitte Cyril. L'enchantement dure une semaine avec Damien qui, une fois Émilie reconquise, se lasse à nouveau.

Pourquoi les Cyril, qui traverseraient la ville ventre à terre pour leur Émilie, ne rencontrent-ils pas des filles simples, prêtes à aimer et à être aimées? Et pourquoi les Damien retournent-ils sans états d'âme vers leur Émilie lorsque celle-ci noue une nouvelle relation avec un tiers qu'ils perçoivent comme un rival? En réalité, seul le *challenge* les intéresse.

Pourquoi, parallèlement, les Émilie répondent-elles au coup de sifflet des Damien ? Pourquoi méprisent-elles les Cyril ? Non, la vie n'est pas mal faite ! Cyril savait qu'Émilie sortait à peine d'une romance passionnelle ; inconsciemment, il ne prenait pas grand risque en investissant cette relation. Émilie, quant à elle, s'est laissé séduire sans conviction dans l'espoir vain d'oublier Damien.

Voilà à quels égarement mène l'absence de clarté à votre égard et à l'égard de l'autre au moment de vos choix. Si vous avez encore des contacts avec celui qui vous a le plus marquée, si vous pensez encore à lui, si le dernier partenaire se révèle encore très présent, ou en cas de doute, réalisez l'autodiagnostic 2.

Suis-je encore éprise de mon ex ?

Quels liens avez-vous conservés avec votre ex ? Que signifient-ils ? Analyser votre possible dépendance et ne plus vous raconter d'histoires vous permettront, au cas où vous le souhaiteriez vraiment, de démarrer la prochaine rencontre sur des bases saines et d'ouvrir à des perspectives sans limites.

██ AUTODIAGNOSTIC 2 ██

AI-JE COUPÉ LE LIEN ?

		Oui	Non
1	Êtes-vous en contact avec votre ex pour des raisons professionnelles ?	❏	❏
2	L'un d'entre vous finance-t-il un crédit, un abonnement (câble, téléphone) pour l'autre ?	❏	❏
3	Dépendez-vous financièrement de lui, lui de vous ?	❏	❏
4	Gardez-vous chez vous des cartons de vêtements, meubles ou autres bricoles lui appartenant (ou l'inverse) ?	❏	❏

		Oui	Non

5 Au-delà de deux ans, restez-vous mariés pour des convenances fiscales, de simplicité, d'organisation ? ❏ ❏

6 Auriez-vous l'impression de trahir votre ex, voire votre famille, si vous accélériez les démarches administratives, dans le cas où vous tomberiez amoureuse d'un autre homme ? ❏ ❏

7 Avez-vous refait l'amour « par accident » avec lui durant les dix-huit derniers mois ? Habitez-vous sous le même toit, même après avoir pris la décision de rompre ? ❏ ❏

8 Avez-vous des contacts téléphoniques réguliers pour des raisons qui ne soient ni administratives ni liées aux enfants, par exemple pour garder contact, prendre des nouvelles ? ❏ ❏

9 Passez-vous ensemble les fêtes symboliques (Noël, fêtes familiales, anniversaires importants) ? ❏ ❏

10 Celui qui a initié la rupture a-t-il proposé de « rester amis » ? ❏ ❏

Passez à l'étape suivante, même si vous avez répondu « non » à la plupart, voire à toutes les questions précédentes.

11 Pensez-vous à lui ou à elle une fois par jour et plus ? ❏ ❏

12 Inventez-vous des prétextes pour vous croiser, par le biais d'amis, d'activités sociales communes (associations, religion, parents d'élève, fête de l'école, passer par hasard en bas de chez lui ou de son bureau, aller à la banque au même moment que lui) ? ❏ ❏

13 Composez-vous son numéro de téléphone personnel dans la journée, par exemple, en dissimulant le vôtre, simplement pour entendre sa voix ? ❏ ❏

14 Avez-vous deviné son mot de passe et espionnez-vous au choix ses courriels, textos, messages sur ses répondeurs, etc. ? ❏ ❏

15 Des années après, vous remémorez-vous les derniers mois avec la conscience que, si vous vous étiez comportée autrement, si vous aviez prononcé des paroles différentes, la suite n'eût pas été la même ? ❏ ❏

16 Lui écrivez-vous des lettres imaginaires ou des missives réelles, que vous les postiez ou pas ? ❏ ❏

17 Faites-vous passer des informations, via les enfants, des amis, le coiffeur, la femme de ménage, supposées l'intriguer, le surprendre, le rendre jaloux ? ❏ ❏

18 Vous préparez-vous (sport, nouveau look, passage du permis moto, études spécialisées, concours internes…) pour le jour de son retour ? Vous aimeriez qu'il constate quelle belle personne vous êtes devenue en voyant votre transformation ou en apprenant vos succès. ❏ ❏

19 Attendez-vous qu'il revienne à la fin de son histoire en cours, après avoir compris à quel point vous comptez pour lui et quelle tragique bêtise il a commise ? ❏ ❏

20 Éprouvez-vous de la colère ou du ressentiment à son égard ? Imaginez-vous des punitions divines qui l'anéantiraient (il perd son travail, sa voiture brûle, sa compagne le quitte) ? ❑ ❑

Réponses

Si vous avez répondu plus de 4 « oui » aux 20 questions, vous êtes encore en lien avec votre ex, même si plusieurs années se sont écoulées depuis la rupture, même si vous avez suivi une thérapie qui vous a aidée à mettre tout à plat, même si vous en avez simplement conscience. Le comprendre correspond à une prise de conscience, l'incarner, à une résolution.

Attention ! Souvent, vous justifiez des situations qui vous permettent de maintenir un pont symbolique avec l'autre. Mieux vaut préserver un lien ténu que de n'avoir plus de lien du tout et de vous retrouver face à la peur de l'inconnu, de l'incertain, du vide. Bien que vous renvoyiez l'image d'une personne disponible, vous faites en réalité couple avec votre fantôme (votre fantasme, votre nostalgie). Pour le moment, les bénéfices de cette alliance l'emportent sur votre envie de passer à autre chose.

Si vous avez répondu entre 1 et 3 « oui » aux questions de la seconde partie du test, vous avez accompli le plus difficile, mais vous avez encore du mal à lâcher. Vous aimeriez lui montrer qu'il a commis une erreur, alors même que vous ne souhaiteriez pour rien au monde sortir à nouveau avec lui. Pas de panique ! Il s'agit d'un soubresaut d'ego, juste la satisfaction d'imaginer la lueur d'admiration qui brillerait dans ses yeux en apprenant le merveilleux parcours que vous avez entrepris… sans lui !

La bonne nouvelle ? Vous avez su transformer tristesse et colère en actions positives dont vous profitez désormais. Le temps, comme le bon vin, vous a bonifiée. Dans les sections qui suivent, des pistes vous seront proposées pour dénouer ces dernières lanières et classer définitivement cette inclination dans la boîte du passé.

Fantômes en mutation : quand la réalité dépasse la fiction

Il nous semblait que les fantômes, de l'amour de jeunesse fantasmé à l'ex-mari, sans oublier le vilain *bad boy* qui a laissé un souvenir charnel impérissable, n'avaient plus guère de secrets à livrer. Contre toute attente, le spectre de Mascarille, un chat, a débarqué. Bien qu'il fût décédé depuis un an, Arielle, sa maîtresse, l'évoquait, les larmes aux yeux. Ce gros matou bleu avait vécu une vingtaine d'années, un exploit pour le spécimen de race angora. Arnaud, le béguin de ses 25 ans auquel elle songeait encore, l'avait trouvé dans une poubelle (une information non anodine) et le lui avait offert. Après quelques années de thérapie, elle s'apprêtait à jeter les meubles laissés par Arnaud, sans réaliser que Mascarille avait pris le relais. De fait, il l'embrassait avec la langue et la léchait en des lieux peu usités pour ce type de mammifère. Un fiancé de passage, Patrick, portait le prénom du rival d'Arnaud, qu'Arielle avait fini par tromper pour se venger de ses maltraitances. Il fut le seul à recevoir les crachats du félin.

Le jour où un psy suggéra à Arielle de se débarrasser de l'urne, de la litière et autres traces du chat, elle défaillit. Il lui fallut quelques semaines pour réaliser le schéma dans lequel elle s'était enfermée. Loin de constituer une barrière pour la protéger de ses parents abusifs et dévalorisants, cette fille unique avait reporté l'amour éprouvé pour Arnaud sur Mascarille, qui le lui avait bien rendu. Pendant vingt ans, entre une dépression de six ans et quelques amants impossibles (voir partie 2), grâce à l'animal, elle avait répondu à deux objectifs : entretenir le mythe d'Arnaud et incarner les injonctions dénigrantes de sa famille : « Tu ne trouveras jamais de mari, tu n'auras pas d'enfants, mais tu es heureuse seule, tu seras notre bâton de vieillesse ! »

Dans un autre registre, Christine, pour supporter les absences de Rémi, son amant marié, a adopté un chat dans un refuge. Pas aussi investi que le félidé mentionné précédemment, il n'en correspond pas moins à un lien symbolique qui, contrairement aux croyances de la maîtresse, entretient davantage la dépendance au fantôme qu'elle ne la libère de ce dernier. À cet égard, le chien ou

tout autre animal de compagnie, en tant que substitut transition-
nel, lien symbolique ou représentation, apporte parfois des indices
précieux quant à l'identification des célibataires qui sont impli-
quées dans des conflits de loyauté (voir partie 2).

JE NE SUIS PLUS AVEC TOI, MAIS QUAND MÊME ENCORE UN PEU

Parfois, vous vous trouvez entre deux : vous n'êtes plus avec lui,
mais en même temps n'en êtes pas totalement séparée. Depuis un
mois, un an, vous savez que c'est fini. Vous pensez entretenir avec
d'autres partenaires, réels ou potentiels, des rapports courtois ;
pour autant, celui qui vous a quittée rôde encore dans les parages.
Mais peut-être est-ce vous, l'initiatrice de la rupture, qui traînez
alentour ?

Quelques scénarios reviennent fréquemment. L'un d'eux vous
correspond-il, dans un sens ou dans l'autre ?

Attraction-répulsion

Il vous relance régulièrement, en particulier chaque fois que vous
parvenez à prendre vos distances (vous ne répondez plus quand
son nom s'affiche sur le cellulaire, vous ne lisez plus ses courriels).

Piqûre de rappel

Il vous appelle régulièrement pour prendre de vos nouvelles,
demander un renseignement. Chaque fois, vous espérez un retour
(« Je regrette, tu me manques », etc.) Généralement, vous évoluez
entre deux postures. Soit vous jouez la carte de la dignité et vous
ne demandez rien, mais vous pleurez et déprimez une fois le téléphone raccroché. Soit vous geignez en direct et l'ex vous console,
non sans un léger embarras.

Explication

L'autre ne veut plus de cette relation, cependant il apprécie l'idée
de votre amour pour lui et se sent rassuré de vous savoir à proxi-

mité. S'il ne trouvait pas de remplaçante ou s'il réalisait que, finalement, vous lui convenez, il vous convoquerait immédiatement.

Cause et remède

Il se sent coupable de vous avoir trahie avec une collègue de bureau, une amie du couple ou sa propre «ex mythique» venue le chercher cinq ou quarante ans après. Ah, si vous pouviez cesser de vous affliger!

Explication
Éperdument épris de sa nouvelle conquête, il rêverait que vous fussiez aussi comblée que lui; cela le libérerait et lui permettrait de retrouver sa légèreté. N'oublierait-il pas, dans son euphorie, que son départ a causé votre chagrin?

Tu m'appartiens

Après de longs mois, voire des années de souffrance, vous venez de rencontrer quelqu'un de gentil, loyal, qui vous apprécie. C'est alors que «l'ex mythique» ou votre dernier partenaire déclame, des trémolos dans la voix, la scène finale de l'acte III, et que les violons s'envolent au sein de l'orchestre: «Je me suis trompé, j'ai commis une erreur… Je t'aime.» Loin d'être née de la dernière pluie, vous lui faites remarquer que sa déclaration survient précisément au moment où vous vous engagez ailleurs. Il se défend, le bougre: «Justement, te voir avec un autre m'a fait prendre conscience de l'importance de ta présence dans ma vie…»

Explication
Le désir mimétique[3], de ce grand classique, fonctionne presque toujours. Réfléchissez bien avant de replonger. Statistiquement, si vous renouiez, la probabilité qu'il vous quitte une seconde fois reste importante. La plupart du temps, rassuré par la dévotion de son «jouet», il se réjouira de voir son pouvoir encore intact et disparaîtra à nouveau.

---

3. René Girard. *Mensonge romantique et vérité romanesque*, Poche, 2008.

Il n'est plus avec vous, mais n'est pas encore avec votre rivale

Il apparaît et disparaît à des rythmes étranges : de la proposition impromptue d'un cinéma « entre amis » un samedi à 18 h à une soirée aux chandelles qui vous tombe du ciel (les deux se terminant au lit, naturellement), suivies d'une absence insupportable. Vous n'y comprenez rien.

Explication

Votre ex fréquente un personnage lunatique, pris dans ses propres contradictions. Il dépend des humeurs de celle-là qui régulièrement lui fait faux bond au dernier moment. Frustré, il se rabat sur vous sans réaliser une seconde qu'il expérimente, par l'entremise de Cruella, ce que vous vivez à son contact depuis la séparation.

Cette « justice » paradoxale pourrait générer une remise en cause. Pourtant, il ne voit que son nouvel amour et tremble en permanence dans l'attente de décisions qui le dépassent. Incapable de s'engager réellement, entre autres parce qu'il n'a pas encore tout à fait rompu le lien avec vous, il a choisi d'aimer « sans risques » une personne inaccessible, sans doute éprise d'un tiers. Dans une certaine mesure, votre ex aussi (même s'il a pris l'initiative de la rupture) se lâche dans un cadre sous contrôle. En d'autres termes, la fuite en avant n'est pas forcément l'apanage que de celui ou celle qui saigne le plus.

DEUX ANS ET PLUS APRÈS LA RUPTURE

Vous vous languissez encore et vous en avez parfaitement conscience. En réalité, vous traversez une (mini) déprime qui peut durer des années, tant que vous ne déciderez pas d'en sortir. Pour peu que tromperie, abandon, rejet aient balisé votre parcours, colère, tristesse, désespoir et manque de foi ont par conséquent envahi votre quotidien. Vous avez tant souffert qu'on ne vous y reprendra plus !

Je mets la barre trop haut

Une fois que vous avez repris du poil de la bête, exiger la perfection, plaire à ceux qui ne vous séduisent pas, ne pas inspirer ceux qui vous séduisent correspondent à des stratégies qui vous donnent l'impression de chercher un nouveau partenaire sans compromettre votre sécurité.

Une autre stratégie consiste à butiner dans la galerie des amours compliquées (mariés, éloignés géographiquement, malades, etc.). Leur situation figée (voir l'autodiagnostic 3 : Mes liaisons impossibles, à la partie 2) vous permet de vous laisser aller, protégée par les paramètres de l'impossibilité.

Je me cache derrière le rejet

Parfois, certaines rencontres avortent, faute de séduction. Vous avez lu sur le visage de votre interlocuteur que vous ne franchissiez pas le seuil de ses critères. Sur l'instant, vous avez gardé votre contenance mais, une fois rentrée à la maison, un vent de blues s'est abattu sur vous. Puis, après la tristesse, une puissante colère est montée. Vous avez repensé à votre ex adoré qui, au fond, ne souhaitait pas s'engager, ou à ses turpitudes, des années durant. Et la rage a surgi, intacte, avec la puissance des premiers jours.

Malheureusement, cette fureur obstrue probablement le chemin vers une âme sœur. Tant que vous la laisserez dominer votre vie, rien ne changera. Et qui sait si votre rendez-vous de ce soir n'aurait pas détecté cette aigreur ?

Je me noie dans la séduction

Vous avez besoin de vous rassurer, alors vous multipliez les sorties et conversations sur le Net avec un objectif : donner dans la foulée des rendez-vous à de futurs soupirants. À chacun sa stratégie. Pour les unes, de longues conversations par courriel ou téléphone suffiront, d'autres intensifient les prises de contact autour d'un verre, sans suite. D'autres, enfin, démarreront des histoires sur les chapeaux de roue, pour disparaître vingt-quatre heures ou quelques semaines après.

J'ai pris la décision, pourtant je culpabilise, parfois sans le savoir…

D'après les statistiques, dans quatre-vingt pour cent des cas, ce serait la gent féminine qui initierait la demande de divorce. Il semblerait que les causes (manque de communication, infidélité, ennui, divergence d'évolution, etc.), même justifiées, n'excluent pas un fort sentiment de faute. Même si quitter a signifié survivre, la culpabilité trouve encore le moyen de vous assaillir. Ne l'avez-vous pas, finalement, abandonné? Surtout si l'autre s'est mal comporté pour vous pousser à rompre et ne pas avoir à en assumer la responsabilité. Le rôle de salaud ou de garce suscite en effet moins de compassion et plus de jugements négatifs que celui de victime. Cela expliquerait pourquoi certaines, alors qu'elles se lient à nouveau, n'accèdent pas à la durée dans la relation. Malgré ce qu'elles ont pu subir, pour peu qu'elles aient eu un père tyran, elles ne peuvent s'empêcher de se demander si elles n'ont pas mal fait pour susciter tant de rétorsions (voir partie 2). Ce comportement, bien que partagé par les deux sexes, demeure essentiellement féminin. Les hommes, plus souvent, passent par une sorte de vengeance indirecte (voir la section sur la «vengeance», ci-après).

Je tiens une promesse

J'ai promis, sur son lit de mort ou pas, à un de mes proches, à la mère de mon ex, son frère, sa grand-mère, que je ne quitterai jamais ce dernier. Depuis, cette promesse me ligote et je ne parviens pas à fonder un nouveau couple.

Je me venge du sexe qui m'a meurtrie

Selon Philippe Brenot[4], l'homme passe par le sexe pour arriver à l'affect à partir d'une pulsion hormonale. La femme, quant à elle, ressent du désir à partir de la tendresse reçue. Malgré la révolution des mœurs et la volonté, chez la femme, de se comporter à l'instar

---

4. Philippe Brenot. *Les hommes, le sexe, l'amour*, Éditions des Arènes, 2011.

des mâles, se servir de « *sex boys* » la lasserait rapidement. Son besoin de sécurité et de sentiments la pousserait à moyen terme à construire.

Ces attitudes « masculines des femmes » s'expriment dans les situations suivantes :

Je suis en couple, insatisfaite
Je trompe mon partenaire pour lui faire payer mes frustrations affectives ou physiques. Même s'il l'ignore, coucher avec un autre, parfois sous son toit, me procure de grandes satisfactions.

Je démarre une relation qui me frustre
Je commence une histoire qui me laisse déjà sur ma faim, alors je contacte des substituts pour me nourrir, me rassurer.

À l'égale des hommes, je les utilise comme objets
Je pratique le « *one shot* » avec froideur et je me réjouis quand l'autre souhaite me revoir, même si je refuse.

Je rattrape le temps perdu
À l'issue d'une vie conjugale, après cinq ou quarante ans de fidélité, j'ai envie de (re) vivre mon adolescence, de goûter d'autres saveurs, je collectionne les aventures…

Du côté des hommes, hormis les nouveaux prédateurs du millénaire habitués à la chasse[5], le glissement vers les représailles se décline avec subtilité. Ci-après, un cas « banal » qui cristallise des configurations classiques.

Variations autour de l'homme disponible qui se venge
Moi homme, je désire profiter de ma liberté récente, souvent offerte par mon ex-épouse, qui a plus souhaité divorcer que moi. Au départ, je pensais entamer une seconde tranche de vie. Je me

---

5. Bénédicte Ann. *Le prochain, c'est le bon !*, Albin Michel, 2011.

suis lancé «sur le marché», et la facilité avec laquelle j'ai séduit a bousculé mes croyances et m'a donné l'énergie pour explorer d'autres énergies féminines.

J'ai omis de préciser (je n'en parle pas à mes conquêtes) que j'ai fondu pour une grâce inaccessible avec laquelle il n'existait aucun avenir possible. Dépité, après une période de butinage, j'ai fini par me «caser» avec une femme agréable dont je ne suis pas amoureux. Un an, voire dix-huit mois plus tard, je m'inscris sur un site pour personnes déjà engagées qui cherchent la bagatelle.

Je constate que je plais encore et je commence à «gérer» un harem autour de ma favorite. Entre celle qui me viole après le premier verre, celle qui me reçoit lors du petit-déjeuner dès que son officiel a le dos tourné, une veuve qui mitonne des plats savoureux en pensant me garder et une ancienne adoratrice qui me relance, je suis certes débordé, mais je jubile.

Explication

Certains hommes, particulièrement parmi les quadragénaires et les générations antérieures, victimes d'une éducation judéo-chrétienne, ont connu peu de compagnes avant de s'engager. De surcroît, leur choix initial, lié à leur histoire familiale (voir partie 2), les assujettit à des contraintes auxquelles ils ont été habitués dans l'enfance. Se libérer du couple (par décision ou par défaut) revient donc à se libérer du carcan familial.

Cependant, les trentenaires séparés avec enfant(s) en garde alternée après dix ans de cohabitation ou les vingtenaires «casés» à 16 ans, libres à 28 viennent étoffer cette catégorie, avec des particularités liées à l'âge des femmes fréquentées : celles qui ont atteint celui de l'horloge biologique sans avoir déjà donné la vie risquent de mettre une pression difficilement supportable pour leurs amis de cœur.

Dans tous les cas, d'innombrables possibilités s'ouvrent à ces mâles disponibles ! Quand ils se présentent honnêtement : «Je ne souhaite pas m'engager», ils sont reçus à bras ouverts par des maîtresses *a priori* consentantes. Malheureusement, après quelques semaines de liaison, quatre sur cinq demanderont, contre toute attente, une modification des règles du jeu. C'est là que la plupart des intrigues s'interrompent, sauf pour celles qui pensent changer le projet de leur partenaire : elles croient à tort qu'avec elles, ce sera différent.

L'ambivalence des femmes après une rupture : Variations autour de leur disponibilité

Pour toutes les raisons déjà évoquées (peurs secrètes, croyances limitantes[6]), nombre de femmes échaudées pensent sincèrement qu'une relation uniquement physique les exonérera d'épreuves et de tiraillements à venir. Elles fréquentent alors des lieux où règne la lascivité, ou encore des sites de rencontres spécialisés. Voici quelques profils qui sortent d'une longue période de figement. Pas encore prêtes à assumer une décision « sérieuse », elles errent dans un « entre deux » peu confortable.

Je retrouve ma féminité
Vous n'avez pas flirté depuis longtemps. Vous ignorez si vous serez encore « opérationnelle ». Vous demandez à un de vos (anciens) admirateurs de vous aider à retrouver le chemin de votre féminité. Vous réalisez que vous n'avez rien oublié ; vous y reprenez même goût. Seulement, une fois sa mission accomplie, votre « professeur » s'éloigne, et vous voilà toute déçue.

Je n'y crois plus (mais j'espérais quand même encore un peu au fond de moi)
Je sors d'une conjugalité difficile et je cherche une histoire légère. Je choisis un partenaire aux besoins similaires. Je découvre, après quelque temps, l'existence d'une favorite. J'accuse le coup, mais je ne peux rien dire compte tenu de nos accords initiaux.
    Ce schéma concerne également les hommes.

---

6. Bénédicte Ann. *Le prochain, c'est le bon !*, Albin Michel, 2011.

J'ai traversé l'enfer

Il m'a fallu tant de temps pour m'en remettre qu'aujourd'hui je dissocie mon corps de mon cœur. Ainsi je contrôle mes émois, et je ne me mets plus en position de souffrir à nouveau.

Cette situation s'applique aussi à la gent masculine.

Explication

Une fois son corps impliqué, pour peu qu'une entente charnelle et tendre scelle cette union, le besoin ontologique de sécurité et de lien l'emporte sur le projet d'origine de la femme.

Une autre difficulté susceptible d'empêcher la rencontre d'une âme sœur réside dans une colère résiduelle. Celle qui a subi la rupture la digère mal ; celle qui est partie sous la contrainte ne réagit pas mieux ; celles qui ont exigé le divorce ne se pardonnent pas de s'être autant trompées des années durant : fureur, rage, acidité, acrimonie, rancœur, rétorsion les nimbent. Tant de noirceur, de tristesse n'éveille pas le désir d'aller vers ces personnes, de les câliner.

Bref, des hommes et des femmes cherchent vainement à bâtir dans l'harmonie, sans comprendre que seule la paix aux tréfonds d'eux-mêmes ouvrira des portes.

JE METS DU BAUME SUR MES BLESSURES

Dans son livre, le docteur Rougier[7] nous suggère de nous programmer, dans un espace de dialogue intérieur, à mieux nous aimer à travers notre corps, notre esprit et nos émotions. Voici une mise en pratique librement inspirée de son approche et adaptée à votre situation.

Expérimenter le pardon

Commencez par énoncer votre pardon : « Oui, j'ai envie de faire la paix avec les émotions qui me font souffrir ; oui, j'ai envie de me libérer de cette rancune et de cette colère qui m'habitent. »

---

7. Yann Rougier. *Se programmer pour guérir*, Albin Michel, 2010.

« En formulant votre "désir" de pardon, ce n'est pas l'autre que vous absolvez de sa faute, c'est vous qui commencez à vous libérer d'un fardeau mental et émotionnel très pesant. »

Sur votre cahier, inscrivez le prénom de la personne qui vous hante. Dessous, lâchez-vous, sortez reproches, accusations, ne vous censurez pas, écrivez autant de pages que nécessaire. Veillez à aller à la ligne à chaque nouvelle idée. Tous les matins, trois jours durant, prenez quelques minutes pour compléter la liste.

Le quatrième jour, synthétisez et résumez sur une page les différents « reproches », de façon à ne garder qu'une dizaine de points maximum. Puis, définissez les émotions suscitées par chacun d'entre eux : rancune, colère, haine, tristesse... « Autorisez-vous à être, le temps de l'écriture, la personne que vous auriez aimé être dans le passé, au moment où s'est déroulé l'événement douloureux. Laissez émerger l'énergie restée à l'intérieur de ce souvenir douloureux[8]. »

Par exemple, s'il vous a quittée « sournoisement » et sans explications, crachez maintenant ce que vous avez tu alors. Dans le cas où vous seriez restée sans voix face à l'annonce de la rupture, répondez-lui rétroactivement par écrit. Sortez ce que vous n'avez pas eu le cran, l'audace, la capacité de dire ce jour-là.

Pendant encore une semaine, complétez au point de radoter. À un moment, vous n'aurez plus rien à ajouter, vous vous sentirez apaisée comme si le soufflé était retombé. Considérez, si vous avez joué le jeu, que vous êtes allée au bout de vos émotions, de vos reproches, de votre ressentiment.

L'occasion de clarifier avec lui pourrait également s'imposer. Écoutez votre petite voix, sinon, vous serez en attente, et donc dépendante de sa clarification. Au choix, demandez-lui un rendez-vous pour une explication ou écrivez-lui un témoignage-exutoire qui parle de vous et de ce que vous éprouvez. Veillez juste à ne pas le manipuler. Si vous sentez que votre petite cantate sonne faux, renoncez. Mettre un terme symbolique définitif en posant des mots achèvera de vous libérer.

---

8. Yann Rougier. *Se programmer pour guérir*, Albin Michel, 2010.

Maintenant, prenez une page vierge, nommez la personne concernée et concluez.

Exemple :
« Pierre, Élodie, c'est fini, je me pardonne de ne pas avoir su mieux faire.

Je te pardonne de ne pas avoir su mieux faire.

Je clos le dossier. »

Si cette expérience n'a fait qu'exacerber votre rage, il paraît utile d'aller un peu plus loin. Sur une nouvelle page, inscrivez les raisons pour lesquelles vous refusez de pardonner à votre ex.

Pourquoi ne pouvez-vous lui pardonner ? Vous êtes donc encore et toujours en colère ! Tant que vous ne pardonnez pas, vous restez liée à lui. Votre souffrance vient de l'effort déployé pour vous accorder à ces pensées négatives qu'il active en vous.

Il s'agit maintenant d'avancer et de répondre aux questions suivantes :

Quelle est la pensée négative à l'égard de mon ex qui me cause de la souffrance ?

Quelle est la raison pour laquelle je refuse de lui pardonner à 100 % ?

Quand (à quel moment, dans quelles circonstances, à quelle condition) serai-je prête à lui pardonner ?

Exemple : La raison pour laquelle je refuse de pardonner à mon ex, c'est qu'il m'a trompée avec ma meilleure amie. La pensée négative à l'égard de mon ex qui me cause de la souffrance, c'est de l'imaginer en train de faire l'amour avec elle. La raison pour laquelle je refuse de lui pardonner à 100 %, c'est qu'il m'a menti, trahie délibérément, alors que je ne supporte pas le mensonge. Je lui pardonnerai quand il aura bien souffert, perdu son boulot ou qu'elle l'aura quitté, bref quand je (me) serai vengée.

Le cas échéant, vous pouvez revenir à la pensée racine de la colère. Qui, dans votre enfance, vous a trahie, manipulée, menti ? (Voir partie 2.)

De nombreuses personnes veulent le bonheur mais refusent de pardonner. Elles cohabitent donc avec leur colère. En réalité, elles ont peur du bonheur.

Dans ce cas, creusez encore :

La raison pour laquelle j'ai peur du bonheur, c'est…

Ma pensée négative à l'égard du bonheur, c'est…

Exemple : La raison pour laquelle j'ai peur du bonheur, c'est que je me sentirais coupable d'être heureuse.

Ma pensée négative à l'égard du bonheur, c'est que ça ne peut pas durer, qu'il faut le payer très cher et que seuls les autres en profitent. La raison pour laquelle je le refuse, c'est qu'au fond, je ne suis pas sûre de le mériter, car… (mon frère est handicapé, ma sœur est décédée quand j'avais 8 ans, écrasée par un chauffard et, à ce moment-là, je ne lui tenais pas la main. Je suis trop exigeante, je devrais me contenter de ce que j'ai, etc.).

JE ME RÉCONCILIE AVEC MOI-MÊME

À ce moment du parcours, vous avez peut-être cessé de vous complaire dans ces amours défuntes et pris la décision de tourner la page, une étape souvent douloureuse. Dans le cas où votre sensibilité ne réagirait pas à l'expérimentation précédente, tentez la « lettre de pardon ».

Selon Michel Odoul[9], « lorsqu'un être souffre de mémoires émotionnelles qui provoquent des difficultés à vivre son quotidien, il arrive qu'il exprime clairement quelles sont les personnes à l'origine de cette souffrance. Ce sont souvent les parents, réels ou symboliques, ou des proches ». Plutôt que de contacter ces derniers, l'auteur propose « d'écrire une lettre à chaque personne [qui vous a] fait le plus souffrir, dans l'ordre inverse de l'importance consciente de leur responsabilité dans la souffrance vécue ».

---

9. Michel Odoul. *Aux sources de la maladie*, Albin Michel, 2011.

Expérimenter la lettre

Dans un endroit tranquille, écrivez sans censure une lettre. Incluez-y tout ce que vous avez sur le cœur, tout ce qui vous vient. Terminez-la, relisez-la en entier, signez-la. Puis, glissez-la dans une enveloppe avec le nom et l'adresse de la personne qui vous a le plus fait souffrir. Dans le cas où le destinataire serait décédé, inscrivez « Au ciel ». Si la personne est vivante, cachetez-la, puis brûlez-la sans l'envoyer ! Vous purifiez ainsi ces souvenirs doulou-reux par l'acte symbolique du feu. Ce comportement va vous allé-ger. Au bout de quelques jours, effectuez le même travail pour une autre personne, et ainsi de suite. La dernière lettre, vous vous l'adressez à vous-même, avec les mots « Strictement personnel » sur l'enveloppe, et vous la postez.

Après avoir fait le travail, vous regarderez autrement les gens par lesquels vous avez souffert, vous verrez émerger une vision plus positive de vous-même, comme si vous aviez apposé un cica-trisant de l'âme qui vous aurait « reparamétrée ». Deux jours plus tard, vous recevrez la lettre de quelqu'un qui avait tant de choses à vous dire depuis si longtemps, et qui n'attendait que cette occa-sion de le faire !

Plus vous émanerez de la chaleur et de la lumière, plus vous recevrez de la légèreté, de la chaleur, de la lumière. Grâce à ce « reconstituant de l'image de soi », vous serez responsable de vos limites, de ce que vous accueillerez dans votre vie. Dès lors, pen-sée positive et gratitude consolideront votre évolution.

QUI SERAIS-JE SI JE NE T'AVAIS PAS RENCONTRÉ ?

Éprouver de la reconnaissance et de la gratitude[10], [11] pour ce que l'autre vous a apporté signifie bien autre chose qu'une vertu morale ou une qualité de cœur.

---

10. Robert Emmons. *Merci ! Quand la gratitude change nos vies*, Pocket, 2010.
11. Rosette Poletti. *La gratitude, savoir et oser l'exprimer*, Jouvence, 2009.

Prenez votre cahier. À gauche, répondez à la question : Qu'est-ce qu'il ne me serait pas arrivé si je ne t'avais pas rencontré ? Adressez-vous à « l'ex mythique » si le deuil n'est pas achevé, ou à celui qui suscite encore chez vous des émotions vives.

Puis, à droite, établissez la liste de tout ce qu'il vous a apporté.

Les professionnels de la gratitude conseillent de lire la lettre à haute voix à la personne concernée. Quel beau projet si vous vous adressez à vos proches, à votre conjoint actuel, mais quelles affres s'il s'agit d'un ex qui vous bouleverse encore. Cependant, si vous considérez que dire cette missive à son destinataire vous soulagera, ne vous retenez pas. Vous pleurerez ensemble et pour vous, ce sera peut-être un dénouement juste, une conclusion qui vous aura permis de nettoyer l'espace obstrué par ce fantôme. Vous ferez ainsi de la place pour accueillir un nouveau partenaire dans votre vie.

POUR NUANCER : UNE ADDICTION SOMME TOUTE… NATURELLE !

Vous savez que vous devriez mettre un terme à votre relation actuelle. Votre famille, vos amis vous le répètent à l'envi, mais vous n'y parvenez pas. Ces derniers temps, quand vous avez rompu, il vous a couru après et réciproquement. Vous devez lui donner une nouvelle chance qui aboutira peut-être à votre rêve : vivre, enfin, la relation harmonieuse que vous espérez depuis si longtemps. Vous avez déjà consacré tant d'années à ses problèmes et à leur résolution que, justement, vous devez vous assurer que vous n'avez pas fait tout ça pour rien et qu'une autre ne profitera pas de lui à votre place.

Votre passion l'emporte sur la raison, mais, rassurez-vous, ce phénomène ne se produit pas sans explications. Une récente étude de l'anthropologue et biologiste Helen Fisher[12], qui a beaucoup travaillé sur l'amour romantique et l'attachement, montre qu'une rupture amoureuse peut être aussi difficile à surmonter qu'un

---

12. Helen Fisher. *Pourquoi nous aimons*, Pocket, 2008.

sevrage de la cocaïne, à la lumière des effets respectifs de ces deux états sur le cerveau. Le groupe de chercheurs qu'elle a dirigé a étudié, à l'aide d'imagerie par résonance magnétique, ce qui se passait dans les cerveaux de quinze personnes qui vivaient une peine d'amour.

En substance, la zone du cerveau sollicitée lorsqu'on présente à ces personnes chagrinées une photo de l'être qui les a quittées (par opposition à une photo d'un sujet neutre), est la même que celle associée à une forte dépendance à la drogue, notamment la cocaïne. Il faudrait donc traiter les ruptures amoureuses comme d'autres gèrent la fin d'une dépendance et cesser de voir ou d'être en contact avec l'être aimé. Ces résultats apporteraient un éclairage intéressant quant au comportement obsessionnel et destructeur observé chez les personnes qui vivent le rejet en amour. L'attachement romantique pourrait s'avérer plus puissant que la pulsion sexuelle.

Une apparence qui bouleverse

Enfin, au-delà des répétitions névrotiques (voir partie 2) et des hormones de la passion, vous vous demandez parfois pourquoi, bien que le sujet de votre intérêt ne mérite plus votre investissement, vous vous damnez encore au son de sa voix, vous craquez pour sa silhouette. Une hypothèse toute simple pourrait vous soulager. Il arrive en effet que cet homme corresponde précisément à votre archétype. N'avons-nous pas toutes en tête un style qui nous émeut au point de dire : « Il est exactement mon type » ou « Il n'est pas mon genre » ?

Cet archétype repose sur une construction personnelle : visages de votre enfance, héros de feuilleton télévisé, premier amour en maternelle. Pour autant, il vous appartient. Alors, respectez-vous quant à vos goûts ! Malgré tout, interrogez-vous sur ses qualités particulières susceptibles de vous fasciner. De fait, un type physique seul ne suffirait pas à vous bouleverser à moyen terme. D'autres critères (quelque chose de papa ou de maman ?) doivent s'y conjuguer pour que l'effet produit sur vous soit aussi puissant.

EN RÉSUMÉ

Pourquoi je n'ai pas (encore) rencontré une âme sœur?

Parce que je suis encore éprise de mon ex ou
    d'un fantôme d'autrefois.
Parce que j'attends son retour.
Parce que l'idée de lui me nourrit.
Parce que je suis en colère et que cette rage me fige.
Parce que j'ai peur de souffrir encore ou de souffrir tout court.
Parce que je culpabilise de l'avoir quitté.

Et vous, pourquoi n'avez-vous pas encore rencontré
    une âme sœur?
Parce que…

En synthèse, à lire ces lignes, vous réalisez peut-être que vous vous êtes égarée à différentes reprises, soit en tant qu'actrice inconsciente, soit parce que vous fûtes instrumentalisée. Inutile de vous juger, encore moins de vous flageller; seuls comptent désormais votre lucidité et votre désir de sortir de vos vieux schémas. Pour vous aider à avancer avant de passer à la répétition du scénario amoureux, voici quelques pistes.

QUELQUES PISTES POUR ACCÉLÉRER LE PROCESSUS DE RÉSOLUTION

- Prendre la décision de couper le lien par des actions concrètes, comme réduire les contacts, se débarrasser d'objets lui appartenant (voir autodiagnostic 2).
- Effectuer des exercices symboliques en rapport avec la rupture et les souvenirs douloureux (expérimenter le pardon et la lettre).

- Investir un nouveau projet pour transformer les énergies de tristesse et de colère en une création qui symbolisera votre « résurrection ».
- Se faire du bien (plus de détails à la partie 4).

Pistes et méthodes thérapeutiques

À ce stade de l'autodiagnostic, nul ne saurait dire quelle thérapie serait appropriée pour vous. Dans tous les cas, un certain nombre d'approches vous aideront à dépasser la colère, la rage, la frustration, la prise de tête et l'incompréhension de ce qui s'est joué, du moins de votre côté.

Chaque partie du présent ouvrage proposera un certain nombre de pistes, mais seules les mieux adaptées à la thématique traitée seront développées en profondeur. Si vous n'avez presque jamais travaillé sur vous, pas même après une rupture ou une longue période de jachère, vous avez besoin de tout mettre à plat et de faire le point. Si vous avez déjà beaucoup travaillé sur vous-même, particulièrement en psychanalyse ou en psychothérapie, ne négligez pas les méthodes corporelles ou psychocorporelles, dont vous ne pourrez pas faire l'économie. Vous ne résoudrez rien par la tête uniquement ; comprendre et avoir conscience du fait que le pneu du vélo est crevé ne le regonfle pas pour autant.

De surcroît, partir dans les approches corporelles et ne traiter que le corps pour éviter d'affronter ses zones d'ombre n'apportera pas non plus les résultats escomptés. Si vous voulez que votre vie change et qu'un homme qui vous fasse du bien arrive dans votre quotidien, peut-être pouvez-vous commencer à remettre en cause votre carte du monde. Pour ce faire, vous allez suivre deux directions parallèles : habiter votre corps et comprendre ce qui s'est passé lors de votre dernière histoire.

Objectivement, la plupart des techniques issues du développement personnel fonctionnent. Elles révolutionnent la psychanalyse, dont la France, irréductible village Gaulois, représente le dernier bastion de résistance. D'autant plus que l'anniversaire de la mort de Jacques Lacan relance la polémique. Décrypter la façon dont vous vous êtes construite, d'où vous venez, importe. Toutefois, sortir de ce passé qui vous tire vers le bas et savoir où vous allez importe davantage.

Aujourd'hui, des thérapeutes multiformés, détenteurs de boîtes à outils richement garnies, obtiennent des résultats remarquables et relativement rapides. Malheureusement, les nombreuses écoles qui se sont créées forment en quelques semaines des aides comptables et des bibliothécaires à la relation d'aide. Des centaines d'apprentis sorciers sévissent et s'enrichissent (autant que les dirigeants de l'école) sur le dos de la misère humaine. Nous ne parlerons ici que des professionnels.

Pourquoi le développement personnel ne fonctionne-t-il pas toujours ?

Bien que vous ayez subi de nombreuses formations en développement personnel, vos relations intimes restent explosives ou inexistantes.

De fait, pendant vos semaines de stages, vous vous attaquez à des blessures profondes, vous vous connectez à des parties inconnues de vous-même, vous «nettoyez» des noyaux douloureux. Durant ces journées, vous rayonnez la souffrance, le manque et parfois l'errance dans laquelle vous jettent vos amants. Sans compter les fantômes qui planent sur les lieux. Paradoxalement, vos histoires d'amour, telles que vous les évoquez et les rejouez devant le groupe, ne reflètent pas l'harmonie.

Au fond, s'il suffisait de reproduire ce que vous avez appris, vous seriez «automatiquement épanouie». Or, optimiser le travail que vous accomplissez sur vous passe par le fait de définir une stratégie, de conjuguer l'art et la manière d'utiliser ces fameux outils. Ils doivent être adaptés à vos blocages (donc à ce que vous avez besoin de libérer), pratiqués au moment opportun (ni trop tôt ni trop tard en fonction de là où vous en êtes), avec cohérence (tenir compte de la progression pédagogique) et, bien sûr, servir votre objectif : réaliser votre projet amoureux en fonction de votre personnalité et de vos besoins. Par exemple, évitez de suivre un cours de théâtre quand vous avez besoin de réinvestir votre féminité. De même, n'apprenez pas à mieux communiquer si vous passez votre temps dans votre tête et que vous n'habitez pas votre corps.

Ce guide vous aide à choisir les outils adaptés à la situation définie à partir des autodiagnostics. Faute de stratégie dans votre processus de développement personnel, vous risquez de vous perdre dans des apprentissages, pas inintéressants certes, mais qui ne permettront pas de véritable transformation. Enfin, force est de constater que les stages intensifs en immersion (résidentiel) sont d'une efficacité redoutable.

Le corps

Il s'agit de vous (re) trouver, de sentir ce qui est juste ou pas pour vous, et d'apprendre à écouter votre corps. Parmi les propositions suggérées, celles citées en premier correspondent aux approches plus classiques, plus faciles d'accès pour une néophyte. Puis elles deviennent de plus en plus impliquantes. À vous de vous positionner. Inutile de griller les étapes ! L'objectif consiste à avancer à votre rythme et à poursuivre les expérimentations qui vous font progresser.

Toutes ces approches sont remarquables et aidantes. Vous trouverez sur les sites officiels les noms des personnes habilitées à les enseigner. Choisissez vos psy avec les mêmes critères que vous appliqueriez à la recherche d'un partenaire : Vous sentez-vous à l'aise, intéressée, impliquée ? Restez-vous de votre plein gré ? La séance vous semble-t-elle fluide ? Si vous ne pouvez répondre à ces trois questions par l'affirmative, allez en voir d'autres. Aujourd'hui, vous avez le choix. Respectez-vous et ne perdez pas de temps avec un thérapeuthe qui vous culpabilise, vous dispute ou vous fait du chantage.

Il est conseillé de suivre une à deux séances de deux enseignements différents par semaine en plus d'une thérapie ou de stages ponctuels. Par exemple : méditation et Biodanza, méditation et Danse de l'âme®, Tipi et Danse des 5 rythmes, etc. De nombreux cours peuvent être testés pour une somme modique, ce qui vous permet de choisir également l'enseignant avec lequel vous avez le plus d'affinités.

Pour commencer efficacement sans être déstabilisée...

Le Nia
http://www.nianow.fr

La technique du Nia s'inspire de la danse, des arts martiaux et de la prise de conscience du corps. Synergie entre la danse jazz, moderne et d'Isadora Duncan, le tai-chi-chuan, le taekwondo et l'aïkido, la technique Alexander, l'enseignement de Moshé Feldenkrais® et le yoga, le Nia s'adresse au corps et à l'esprit. Les mouvements sont innovants, offrant de grandes plages de liberté et d'expressivité personnelle, et les chorégraphies sont réalisées sur une musique à la fois stimulante et agréable. C'est tonique, ludique, et l'effet relaxant est garanti! C'est une merveilleuse rencontre entre le monde occidental et la sagesse orientale. Le but de ses créateurs: la conceptualisation d'une méthode permettant de mieux se connaître au travers d'une prise de conscience corporelle par le mouvement. Le Nia permet de se libérer des tensions physiques, du stress, et de retrouver ou de renforcer la confiance et l'estime de soi et la joie de vivre.

Méthode Mézières
http://methode-mezieres.fr/
http://www.mezieres.eu/

Peu connue du grand public, la méthode Mézières est pourtant pratiquée en France par plus de 500 kinésithérapeutes diplômés d'État, qui proposent à leurs patients une rééducation différente des traitements traditionnels, véritablement vivante, et fondée sur des postures d'étirement de l'ensemble des muscles permettant la réintégration d'un nouveau schéma corporel.

La technique Alexander

http://www.techniquealexander.info/

Selon Nikolaas Tinbergen, prix Nobel 1973 de physiologie et de médecine :

« La Technique Alexander est une méthode à caractère éducatif. En apprenant à changer nos réactions face aux exigences de la vie moderne, nous réapprenons à accomplir nos tâches (simples et complexes) avec plus d'aisance et de plaisir. Le but de la technique Alexander est de rendre une meilleure fiabilité à nos propres sensations et perceptions, pour développer une plus grande conscience de nos actes, de nos gestes, de notre manière de faire et d'être. Elle enseigne des procédures qui nous aident à changer nos habitudes et à réduire les tensions inutiles dans toute activité. Nous développons ainsi nos capacités et notre potentiel par un meilleur "usage de soi". Le rétablissement de notre intégrité psychophysique et un meilleur équilibre naturel nous conduisent à une économie d'effort et à une amélioration de nos performances. La technique Alexander est une forme extrêmement raffinée de rééducation, ou plutôt de redéploiement du système musculaire tout entier et, par là, de beaucoup d'autres organes. »

Tai-chi-chuan/qi gong

http://liaochanqigong.over-blog.com/
http://centre.taichichuan.free.fr/

Les enseignants de ces spécialités se trouvent partout dans le monde.

Le tai-chi-chuan

Pratique ancestrale chinoise, le tai-chi-chuan est une suite de mouvements lents et harmonieux qui aide à faire circuler l'énergie vitale. Ils favorisent la relaxation du corps, le calme mental et la concentration. Cette harmonie du corps et de l'esprit est un véritable atout pour votre santé et pour votre épanouissement personnel.

Le qi gong

Art énergétique basé sur des mouvements souples et lents, sur le souffle et sur la tranquillité mentale. Sa pratique, pleine de douceur et d'harmonie, amène détente, relaxation et bien-être.

Méthode Feldenkrais®

http://www.feldenkrais-france.org/annuaire.php

À l'origine, un homme hors du commun. De sa formation de physicien, il tire une conception du corps comme réalité physique, des poids et des masses organisées dans l'espace, un jeu de forces pour être debout et se mouvoir.

De sa formation aux arts martiaux, il tire une conception orientale du mouvement efficace et harmonieux, utilisant l'énergie minimale. Enfin, une blessure au genou déterminera l'orientation de son travail : celle du mouvement et de son organisation dans le système nerveux. En effet, face à l'incapacité du corps médical à assurer un fonctionnement normal de son articulation blessée, il se tourne vers lui-même et ses propres possibilités. Il se penche sur la mécanique interne de son corps. Il y découvre un monde vierge qu'il n'aura de cesse de parcourir en tous sens, toute sa vie. Il s'appuie également pour cela sur des études en neurophysiologie et en neuropsychologie.

Yoga

http://www.lemondeduyoga.org/htm/fney/annuaire.php

Vous trouverez des cours de yoga dans le monde entier.

Kundalini Yoga

http://www.kundalini.fr/spip/spip.php?article1

Cette technologie holistique puissante travaille sur les différents plans de l'être, à partir de séries utilisant le souffle, le rythme, les postures dynamiques ou statiques, le son (mantras), la relaxation et la méditation. Le Kundalini Yoga est considéré par certains comme le « yoga originel », dans la mesure où il réunit, dans le corpus de ses techniques, de nombreuses formes de yoga. C'est un yoga particulièrement puissant dans ses effets, basé sur une pratique corporelle (utilisation de postures statiques et dynamiques), respiratoire (par des techniques variées et sophistiquées) et intégrant la relaxation et la méditation (chantée avec mantras, ou silencieuse). Dans cette pratique, les niveaux physique, psychologique et spirituel sont conçus comme interdépendants et sont travaillés dans la conscience de leurs liens mutuels.

Danse de l'âme®

http://www.danse-de-l-etre.fr
À Pontoise
http://corpsdame.blogspot.com
À Toulouse
http://lesdansesdel-ame.over-blog.com

La Danse de l'âme®, créée par Fabienne Courmont, est le fruit de 30 années d'expérience, d'enseignement et de création en danse, à la recherche du beau et du vrai en l'homme. Elle est fondée sur le principe de l'énergie de vie *(Chi, Prâna…)* qui circule librement en nous quand il y a harmonie, et sur une approche globale de la personne incluant les différents plans : physique-énergétique, émotionnel, mental et transpersonnel. Elle propose de laisser le corps parler, dire ce qui est présent en lui, sans *a priori*, en le libérant de toute forme définie hors de lui et en laissant naître le mouvement de l'intérieur. Elle accompagne la personne dans son processus de transformation pour libérer les forces créatrices qui sont en elle. Elle invite chacun à trouver le chemin qui relie le corps et l'esprit et à laisser danser son âme pour faire vibrer sa propre alchimie. La Danse de l'âme® puise ses racines dans différentes traditions et techniques, dont elle s'inspire pour leurs principes universels : Taï-ji, Buto (danse d'avant-garde japonaise, née sur les décombres d'Hiroshima), théâtre Nô, danse contact, danse indienne, danse derviche…

Danse des 5 rythmes

http://www.5rythmes.com

www.gabrielleroth.com

Créée par Gabrielle Roth à la fin des années 1960, la Danse des 5 rythmes propose une exploration libre du mouvement, et de soi par le mouvement. Chaque rythme (fluide, staccato, chaos, lyrique et quiétude) ouvre une porte d'où émergent des trésors oubliés, des chagrins, des rires, une réconciliation profonde, des peurs enfouies, une colère longtemps réprimée, la joie jaillissante du cœur ouvert, un moment de communion inespéré… Cette danse offre un espace protégé, elle peut tout accueillir, tout mettre en mouvement et tout transformer. Nous pouvons alors connaître ce moment de grâce où la danse nous traverse et nous relie à l'essence même de la vie. Il n'y a aucun pré-requis pour venir danser : chacun trouve son chemin de danse avec ce qu'il est. Chaque moment de danse viendra enrichir votre expérience et votre compréhension des rythmes.

MLC© - Méthode de libération des cuirasses

http://www.marieliselabonte.com

La MLC© (Méthode de libération des cuirasses), approche globale du corps par le mouvement d'éveil corporel, est une approche psychocorporelle et énergétique qui s'inspire du processus d'auto-guérison de sa créatrice, Marie Lise Labonté, et de plusieurs années de recherche et d'expérimentation en médecine psychosomatique et énergétique. Cette méthode s'inspire également de l'évolution spirituelle et de la recherche de sa créatrice sur l'énergie des profondeurs, l'énergie fondamentale de l'être.

En passant avant tout par le corps, ici perçu comme le temple de l'âme, le réceptacle de la psyché et du processus de la vie, la MLC© vise la libération du potentiel créateur qui repose en chacun de nous. Prenant pour principe de base le fait que le corps, portrait révélateur de notre inconscient, ne ment pas, la méthode touche la globalité et la liberté de l'être, en aidant le corps à se libérer des carapaces physiques, psychiques et énergétiques qui peuvent entraver la vie et l'amour.

La méthode Pilates

La méthode Pilates est un ensemble d'exercices de mise en forme physique et morale. Basée sur l'enseignement et les préceptes de J. H. Pilates (1880-1967), elle tend à créer une parfaite harmonie entre le corps et l'esprit, de façon à stimuler le système neuromusculaire et à promouvoir une structure physique des plus saines pour se développer harmonieusement en travaillant l'ensemble du corps en profondeur. Transformant l'abdomen et le bas du dos en un nouveau support central, ferme et mobile, le corps devient une unité souple et gracieuse. Cette méthode privilégie la qualité et la précision de l'exécution des mouvements à la quantité, pour un meilleur contrôle et une meilleure fluidité de réalisation.

Le Pilates combine une respiration lente, profonde et contrôlée avec des mouvements qui allongent et renforcent les muscles sans créer de volume, relâchent les tensions, alignent la colonne vertébrale, corrigent les déséquilibres musculaires, assouplissent les muscles et les articulations, rétablissent la posture naturelle, assurent une ceinture abdominale solide, et développent l'endurance, la mobilité et la coordination.

Tipi - Technique d'identification sensorielle des peurs inconscientes

http://www.tipi.fr/

Aveyron et Montpellier

http://www.le-corps-memoire.fr/tipi/tipi.htm

La plupart de nos peurs sont inconscientes. Elles conditionnent le plus fortement nos relations aux autres et, plus généralement, notre personnalité. Elles génèrent également nos stress, nos angoisses, nos souffrances psychologiques ainsi que d'éventuels dysfonctionnements physiques. Mais comment repérer nos peurs ? La question est d'autant plus déterminante que la majorité d'entre elles cessent d'agir dès que nous identifions leur source. Principalement, cette identification se heurte au mode d'exploration que nous adoptons pour aller à leur rencontre. Dans la plupart des cas, c'est intellectuellement que nous tentons de comprendre nos difficultés, alors que seules nos sensations peuvent nous conduire directement et avec précision à l'origine de nos peurs.

Tipi permet d'entrer en contact avec les sensations physiques qui se manifestent dans le corps lors d'une émotion désagréable et de se laisser porter par ces sensations jusqu'à un «bien-être» qui s'installe spontanément et durablement. Il s'agit d'une technique très simple, naturelle, que chacun peut s'approprier pour se débarrasser par lui-même des difficultés émotionnelles qu'il rencontre dans son quotidien.

Biodanza

http://www.biodanzafrance.com

Biodanza® est un terme forgé sur le préfixe grec «Bio» qui signifie «Vie» et sur le mot «Danza», danse en français, avec son sens premier de «mouvement intégré et plein de sens». Poétiquement, la Biodanza®, c'est la danse de la vie. La Biodanza® a été créée par Rolando Toro, psychologue, poète et peintre chilien.

La Biodanza® se définit comme un système d'intégration humaine, de rénovation organique, de rééducation affective et de réapprentissage des fonctions originaires de la vie. C'est un système qui stimule le développement et l'intégration de l'être humain par la musique et l'émotion, par des propositions de mouvements, alliés au plaisir de vivre.

La Biodanza® s'appréhende dans l'expérimentation.

Déjà plus impliquant, mais décoiffant pour un néophyte. Commencez par deux fois par mois et passez vite à une séance hebdomadaire. Il faut au moins six mois pour voir les résultats.

www.oserlabiodanza.com

www.biodanza-bretagne.com

Danse Contact ou Contact improvisation (CI)

Il s'agit d'une danse improvisée, une des formes les mieux connues et les plus caractéristiques de la danse postmoderne. En dehors des cours ou ateliers, le Contact improvisation se danse lors de pratiques libres appelées « *jams* ». La priorité est donnée à l'écoute et à la confiance entre les partenaires : les rencontres doivent se faire en toute fluidité, les danseurs doivent se rendre disponibles aux mouvements des autres, les partenaires doivent adapter leurs mouvements et déplacements mutuels. Le Contact improvisation peut se pratiquer à deux ou à plusieurs.

Au-delà des simples points de contact physique, entre en jeu le *contact global* (auditif, kinesthésique, perceptif/énergétique et même affectif) du danseur avec son ou ses partenaires et avec l'environnement (le sol, l'espace, la gravité, etc.).

L'improvisation n'est pas l'expression d'une spontanéité libératrice. L'espace de la danse improvisée est sans cesse à construire, par l'expérience continue du sentir. Une exploration du toucher, de l'équilibre, des différents regards permettront de constituer solos et compositions de groupe. Il s'agit d'un jeu d'improvisation entre deux corps engagés dans une relation interactive des forces dynamiques qui régissent tout mouvement : pesanteur, élan, force d'inertie, friction et *momentum*, la Danse Contact crée un style de mouvement relâché (qui naît du dialogue qui s'instaure entre deux partenaires, à partir d'un point d'appui ou de contact constamment fluide et évolutif), et développe une conscience kinesthésique de l'espace en trois dimensions.

Elle est une ouverture à l'imaginaire de l'autre et éveille le sens de l'écoute, du jeu et de la prise de risque.

À Paris
http://www.canaldanse.com/jams/
À Toulouse
http://www.xploratorium.net/
À Grenoble
http://www.chorescence.org/RENDEZ-VOUS/Collectif.htm
À Lyon
http://www.artsenscene.com

Au Mans (mon préféré!)

Alain Montebran, gestalt thérapeute, pédagogue, danseur, enseigne la Danse Contact. Il est formateur à Canal Danse et à l'ARTEC (Paris et Montpellier).

http://www.centrebeaulieu-lemans.fr/

Ho'oponopono

http://www.hooponoponofrance.com/

En amont des approches corporelles, le Ho'oponopono apporte une touche quasi chamanique. Idéal pour se vider la tête, lâcher sa colère, mais audacieux.

Le Ho'oponopono (ho-o-pono-pono) est une tradition de repentir et de réconciliation issue de la culture des anciens Hawaïens. Des coutumes identiques se retrouvent dans toute la région du sud du Pacifique. Le Ho'oponopono traditionnel était dirigé par un ou une *kahuna la'au lapa'au* (prêtre guérisseur) pour guérir les maladies physiques ou psychiques, et il était exécuté avec des groupes familiaux. La plupart des versions modernes sont rédigées de telle façon que chacun puisse le faire seul.

Pour associer la danse à la thérapie :

Danse-Rituel-Thérapie

La Danse comme art de s'émouvoir. Le Rituel comme passage d'un état à l'autre. La Thérapie comme écoute du mouvement intérieur. La Danse-Rituel-Thérapie est une approche psychothérapeutique intégrative. À l'expression du corps dansant, elle allie un cadre analytique : du rythme de la danse émerge le souffle de la parole. Cette approche révèle l'élan vital et la joie de danser ensemble, elle permet de s'ancrer, de respirer et de trouver son rythme. La Danse-Rituel-Thérapie est un voyage en mouvement à travers l'inconscient individuel et collectif.

http://paolomalvarosa.com

www.contactimpro.org

Les approches qui suivent sont plus psychologiques. Elles permettent de commencer à travailler sur soi en douceur.

Le Jeu du tao

http://www.taovillage.com/

Le Jeu du tao, plusieurs fois millénaire, donne la possibilité de vivre avec les autres une aventure à l'intérieur de soi. Fondé sur la pratique des grandes lois universelles, il permet, par la connaissance de soi, l'écoute et la relation d'aide, de trouver les solutions qui conduisent à la réalisation d'un objectif. Dans ce jeu, tout le monde est gagnant : il offre la possibilité unique de jouer avec, et non pas contre, ses partenaires. L'entraide et le don y rapportent plus que l'esprit de compétition. Son mécanisme reste cependant très simple : on choisit une quête, on lance le dé ou l'on clique, on répond aux questions. Le jeu permet à chacun de trouver en soi les qualités à sa disposition pour servir les autres.

Le Jeu de la transformation

http://www.jeu-de-la-transformation.fr

Dans sa forme, le Jeu de la transformation est un jeu de société qui se présente sous forme d'un plateau avec des chemins de vie. Le Jeu de la transformation permet d'explorer des questions vitales, de révéler des aspects de vous-même. Il apporte une inspiration qui touche au cœur de l'être. C'est un catalyseur de changement. C'est précis, surprenant et riche !

Le Jeu de la voie des contes

http://www.lavoiedescontes.com/Croissance/Coaching-par-le-Jeu-de-la-Voie-des-Contes.xml

Les Jeux de la voie des contes sont des outils de créativité et d'aide à la décision qui mettent en œuvre la puissance du mythe au secours des démarches de questionnement. Le Jeu de la voie des contes permet d'accéder, par le raccourci visionnaire, à une anticipation créatrice de la réalité et de se doter d'une posture transformatrice. Il s'appuie sur un répertoire de 52 contes de la culture occidentale, choisis précisément pour leur signification symbolique et leur possibilité de pratique initiatique, à utiliser à la manière du Yi King (Éditions Le Souffle d'Or 2003-2007).

Méthode ESPERE®

http://www.institut-espere.com/praticien.html

(Toutes les adresses dans la francophonie se trouvent sur ce lien.)

La Méthode ESPERE® (Énergie Spécifique pour une Écologie Relationnelle Essentielle) est une approche pédagogique fondée sur l'œuvre du psychosociologue Jacques Salomé.

Elle propose un ensemble de concepts, de repères et d'outils pour améliorer la communication et les relations humaines. Elle a pour but de favoriser une meilleure écologie relationnelle entre les êtres.

Cœur de rire

http://www.coeurderire.com/

Une formidable rirothérapeute !

Maintenant, un approche bien plus exigeante...

La Clarification, ou Qui suis-je ?

http://www.dyade.free.fr/animateurs_index.htm

http://metafor.org/default.aspx

La Clarification est une méthode de développement personnel, de psychothérapie et de recherche spirituelle visant à aider les personnes à se libérer des entraves qui les freinent dans leur évolution, dans leurs relations avec les autres et dans l'accomplissement de leur vie, en clarifiant ce qui encombre, parasite et obscurcit leur esprit.

Il s'agit d'une méthode rigoureuse et ouverte qui s'inspire à la fois des traditions philosophiques et spirituelles, et des notions les plus récentes sur la communication. Elle repose sur une base métaphysique qui manque souvent aux approches purement psychologiques.

En cas de dépendance affective

Dasa

http://dasafrance.free.fr/reunions.html
http://directory.slaafws.org/
http://www.sosdeprime.com/dependance_affective.htm
Si vous êtes souvent en dépendance dans vos relations amoureuses, si vous manquez d'estime de vous-même, si vous voulez
aborder la prochaine rencontre avec plus de légèreté, deux stages
vous aideront à vous préparer : Géraldyne Prévot-Gigant : « Le
choix d'aimer : se libérer de la dépendance affective » et Patrice
Ellequain : Deviens amoureux de toi-même ».
http://www.geraldyneprevot.com
http://www.respiration-consciente.fr

En cas de colère, faire appel à un somatothérapeute

La somatothérapie se situe entre psychothérapie brève et techniques de toucher. La somatothérapie (du grec *sôma* : corps) est
une psychothérapie brève à médiation corporelle, qui s'étale sur
un cycle de 10 à 12 séances. Elle conjugue les techniques de toucher à l'accompagnement verbal. Elle permet l'intervention sans
nécessiter le recours à une psychothérapie de longue durée.

Le champ d'excellence de la somatothérapie réside dans l'accompagnement de la personne dans une difficulté passagère de la
vie et dans le traitement des somatisations, bien que ces deux
aspects soient en réalité fortement interconnectés. Elle est efficace
tant pour l'amélioration des troubles physiques que pour la résolution des difficultés de vie.

Coaching

Les coachs pullulent dans tous les pays. De nombreuses écoles
ont formé des personnes formidables. Les outils du coaching
protègent des apprentis sorciers dans la mesure où ils suivent un
protocole.

Le coaching permet de faire le point en fonction de votre vie actuelle et de définir les actions justes pour vous. Compte tenu de vos peurs, de votre personnalité et de vos possibilités, il s'agit concrètement d'atteindre le changement souhaité.

Le coaching vous aide à déterminer ce que les situations difficiles que vous avez vécues vous ont permis de développer comme qualités, de découvrir votre « Mozart », votre raison d'être, votre mission de vie. Vous passez d'un positionnement de victime à créateur de votre vie. Vous équilibrez votre masculin et votre féminin. Vous développez votre intuition et vous augmentez votre communication et votre niveau de conscience. »

Ma formation :
http://www.coachingintuition.com (Ils interviennent partout dans le monde.)
À Marseille
http://www.coaching-pcastanet.fr/

Méditation
http://www.meditationfrance.com
Le portail web Meditationfrance.com propose une mine d'informations pour apprendre ou approfondir la méditation.
Pourquoi méditer ?

Dans la vie, tout nous ramène à l'extérieur : nos sens, les autres, le travail, la relation amoureuse et rien nous ramène à l'intérieur de nous-mêmes. Comprendre cela, c'est comprendre l'intérêt de la méditation. C'est en nous et uniquement en nous, que nous pouvons trouver la paix, la relaxation profonde, le calme et le véritable amour.

La méditation n'a rien à voir avec la vie des moines ou une vie ascétique qui chercherait à se couper du monde comme c'est trop souvent perçu. Ce n'est pas non plus une croyance ou une religion. Vous n'avez pas besoin de changer votre vie pour vous ouvrir à la méditation. La méditation est une qualité en vous qui est simplement un détachement ou dit autrement une vigilance intérieure et une pleine conscience dans le moment présent.

On peut méditer partout dans le monde, mais Fabrice Midal est unique.

http://www.ecole-occidentale-meditation.com/

Méditer dans un café à Paris

http://soeurclemantine.centerblog.net/rub-cafe-meditation-a-paris-.html

Adresses en dehors de la France

Au Québec

NIA Montréal

www.luciebeaudry.com

http://www.canstat.ca/finding-alexander-technique-teacher-french.html

http://www.alexandertechnique-montreal.com/technique-alexander-montreal-quebec.html

http://www.dominiquejeanneret.com

http://www.feldenkraisqc.info/enseignants

http://www.federationyoga.qc.ca/page-repertoire.html

http://www.josettestanke.com/adresse_quebec.html

http://www.mlcquebec.ca/

http://biodanza.ca/

http://www.tant-danse.com/contact.htm

http://www.contactimpro.org/fr-article439.html

http://lawrencenoyes.com/

http://dasa-slaa-mtl.cbti.net/

http://www.psychologuemontreal.com/karene_site/way_plugins/links_page/links.php?cat.2

http://hooponopono.over-blog.com/

http://communiquons-espere.com/

En Belgique

Portail francophone de développement personnel : www.agendaplus.be

http://www.technique-alexander-bruxelles.be/php/index.php?doc_id=387

http://www.feldenkrais-belgique.org/index.php?pgelink=praticiens

http://www.kundaliniyoga.be/fr/teachers
http://www.dancetribe.be/
http://www.mlcit.be/mlc/presentation
http://www.biodanza.be/?q=fr/node/8
http://www.biodanza-liege.be
http://www.coregane.org/Biodanzaformation.htm
http://www.ecolebelgedebiodanza.be/
http://www.biodanza4you.be/
http://www.hooponoponofrance.com/inscription-hooponopono-belgique.html
http://eva-arkady.skynetblogs.be/

En Suisse

http://www.gymallegro.ch/Impressionen/Promo-Video-Ann-Christiansen/
http://www.techniquealexander.ch/link.cfm
http://www.alexandertechnik.ch/
http://www.technique-alexander.eu/contact.html
http://www.feldenkrais.ch/site/index.cfm?id_art=25995&vsprache=FR
http://www.yoga-kundalini.ch/
http://www.ericdanse.ch/index.php/tango-relationnel.html
http://www.mlcsuisse.ch/
http://www.biodanza.ch/
http://www.ecoledebiodanza.ch/mambo/
http://www.hooponoponofrance.com/inscription-hooponopono-suisse.html
http://www.nvbcoaching.ch/tao.php
http://www.unipaz-belgique.org/spip.php?article42
http://www.jeudivin.ch/page1.php
http://www.ecole-occidentale-meditation.com/fr/groupe-meditation-
     geneve.html

Au Luxembourg

http://www.transcendance.be/transcendance/
http://www.yoga-feldenkrais.lu/
http://www.yogaroom.lu/fr_contact.html

Quelques adresses de sites et lieux qui proposent de nombreuses informations quant aux thérapies pratiquées localement et qui annoncent les conférences

Dans toute la France et particulièrement dans le Sud:
Le réseau épanews, complet, vivant, gratuit. http://epanews.fr

Dans la région d'Aix-en-Provence
http://www.quartzprod.com

En Belgique
http://www.agendaplus.be

Au Luxembourg
http://www.pythagore.lu/

Au Québec
http://www.dominiquejeanneret.com/

PARTIE 2

Adieu *bad boys*, Cruella et autres personnalités toxiques
Je sors de la répétition du scénario amoureux

Alors que certaines revisitent en permanence le passé et se cramponnent au bord du précipice par crainte de subir de nouveaux préjudices, vous préférez, et de loin, l'expérimentation et le risque. Vous aspirez, dans votre intériorité, à vous laisser surprendre par une rencontre inattendue et, cette fois, à dénicher la perle rare. Dans les romances, la vie ne réserve-t-elle pas des surprises? Des situations apparemment inextricables ne se résolvent-elles pas? Et les âmes qui sont destinées l'une à l'autre ne s'ajustent-elles pas comme par magie grâce à un projet commun?

Et là, naturellement, vous tombez sur un personnage séduisant aux particularités chatoyantes. Il éveille votre désir, ranime votre capacité à vous émerveiller. Vous êtes bouleversée, vous vous enflammez… et vous vous désillusionnez tout aussi vite. Si, *a posteriori*, vous en avez retiré un enseignement, alors cette relation a eu une fonction initiatrice, celle d'un apprentissage. Vous accusez le coup quelques jours, quelques semaines ou quelques années, selon votre vitalité et votre sensibilité… Un beau matin, vous sortez du sommeil, vous réinvestissez les sites, les soirées, ou alors un soupirant apparaît. Vous plongez à nouveau et… patatras! Bien qu'il ne ressemble pas au précédent, c'est un nouvel échec.

Dans la vraie vie, un certain nombre de liaisons ne trouvent pas d'issue parce qu'elles sont en réalité «condamnées». Leur récurrence conduit inéluctablement au désespoir, à la perte de foi, à l'impression de s'être «fait avoir» et, surtout, à une posture interne de crispation peu propice à un nouveau départ, plus joyeux, qui serait placé sous le signe de l'ouverture (voir partie 3).

Suis-je abonnée aux liaisons dangereuses ?

Les scénarios de répétition se réduisent à six modèles principaux. Ils se déclinent selon un ou plusieurs des schémas présentés ci-dessous, avec naturellement des variantes.

1- Les relations impossibles : Je choisis des partenaires avec lesquels je ne risque pas de m'engager ou de fonder une famille.
2- Les relations toxiques : Je préfère vibrer pour des mâles nocifs mais excitants plutôt que de m'ennuyer dans un lien sans passion.
3- Les relations sans risques : Je choisis des compagnons que je n'aime pas vraiment pour éviter toute souffrance.
4- Les relations réparatrices : Je recueille les chiens perdus sans collier.
5- Les relations de dépendance : Je tombe sur des hommes qui me tiennent en laisse.
6- Les relations mensongères : Je joue un rôle, je ne suis pas moi-même et je m'épuise. J'ai besoin du contraire de ce que je prétends vouloir et j'attire des individus qui sont aux antipodes de celui qui me ferait du bien.

À partir de ces schémas, observez la multiplicité des constructions. Prenons par exemple la situation suivante :

Vous entamez une relation avec un partenaire non disponible (1- relation impossible). Cette idylle peut vous faire souffrir (2- relation toxique), vous rendre dépendante (5) ou réveiller la sauveuse en vous (4).

En voici une autre :

Peut-être prétendez-vous chercher la légèreté (6), bien que vous rêviez d'une longue romance et de trois enfants. Alors, vous fréquentez un étranger qui vit à 5000 kilomètres (1). Vous découvrez qu'il souffre d'une dépendance à l'alcool (4), exactement comme les hommes de votre famille depuis trois générations, dont évidemment votre père. À moins qu'il ne souffre de dépression comme votre mère ? Là, vous entreprenez de le sauver (4). Faute d'y arriver, vous vous rabattez sur le voisin de palier ou sur un ami d'enfance (3).

Ces situations, bien que caricaturales, surviennent fréquemment. Le manque d'estime de soi, le peu de respect que vous avez de vous-même, depuis toute petite, la dévalorisation qui en découle vous poussent inconsciemment à accueillir dans votre vie des êtres pas toujours bienfaisants.

Les difficultés vécues autrefois se rejouent dans la relation et prennent des formes différentes. En dehors de la violence physique et des abus sexuels, dont il n'est pas question ici, les stigmates d'une certaine maltraitance émotionnelle et relationnelle, vécue dans l'enfance pourraient se résumer, à des degrés divers, de la manière suivante : « Je te considère comme une partie de moi, je te traite comme une partie négligeable, je t'utilise comme un objet et j'ai le droit de te faire du mal, du tort, de t'utiliser, de t'exploiter. Tu n'existes que pour moi, personne n'est aussi important que moi. »

Si le scénario se répète, le décor varie en fonction de la personnalité de votre amoureux. Quand celui-ci se comporte de façon inadmissible (colère, coups, irresponsabilité, irrespect envers ses enfants ou ses parents), vous justifiez ses paroles ou ses actes avec une habileté et un aveuglement proportionnels à vos frustrations du passé. En synthèse, vous choisissez un partenaire qui, avec votre consentement, vous permettra de répéter des saynètes que vous connaissez déjà. La violence vient de l'autre et, plus exactement, du fait que vous l'autorisez à l'exprimer à votre égard. Vous subissez à force de dissimuler vos besoins véritables.

Le bénéfice caché des « liaisons dangereuses » consiste à vivre des histoires fortes et poignantes dans le cadre d'une relation à durée déterminée, puisque condamnée. Vous vous permettez de lâcher vos émotions sans prendre le risque de la durée. Malheureusement, vous en sortez la plupart du temps dévitalisée et, au bout de plusieurs expériences, découragée, sur le qui-vive, incapable de la moindre confiance envers les hommes. Cela pourrait expliquer l'attachement profond que développent certaines femmes à l'égard d'un animal domestique qui, lui, ne les décevra jamais.

Effectuons maintenant un autodiagnostic pour chacun des modèles relationnels présentés plus haut. Dans un premier temps, demandez-vous si vous avez flirté avec un ou plusieurs de ceux-ci. Au fil des sections qui suivent, cochez les cases qui correspondent à vos expériences passées. Il est possible que vous ayez cumulé plusieurs de ces scénarios avec le même partenaire.

AUTODIAGNOSTIC 3

MES LIAISONS IMPOSSIBLES

Passez tous vos partenaires en revue et notez s'ils correspondent à une ou plusieurs des caractéristiques suivantes :

	Oui	Non
Il vivait loin de chez moi, voire à l'autre bout du monde.	❑	❑
Il était de passage dans ma ville.	❑	❑
Il exerçait une activité qui le conduisait à voyager la plupart du temps.	❑	❑
Il était déjà engagé (marié, en couple).	❑	❑
Il venait de vivre une séparation difficile, de perdre sa compagne.	❑	❑
Bien qu'il fût divorcé, son ex continuait à le persécuter.	❑	❑
Il avait une ex en souffrance (handicap, grave maladie physique ou mentale, dépendance à la drogue, à l'alcool, au jeu, au travail) et était souvent sollicité pour régler des situations délicates.	❑	❑
Il était lui-même en souffrance et vous étiez appelée par l'hôpital, par ses enfants, par sa famille, par ses voisins pour régler des situations délicates.	❑	❑
Il était au service d'un membre malade de la famille (parent souffrant de la maladie d'Alzheimer, enfant trisomique ou handicapé).	❑	❑

	Oui	Non
Il n'avait pas de travail, de domicile fixe, voire des problèmes financiers ou judiciaires.	❏	❏
Il avait subi dans le passé un abus qui justifiait des rigidités permanentes, systématiques, voire des exigences tyranniques.	❏	❏
Il avait des préférences sexuelles (positions, conditions particulières pour l'érection, fantasmes) inacceptables à vos yeux.	❏	❏
Il était caractériel, volage, obsédé par son indépendance, violent, ou était enclin à faire régulièrement des crises intempestives...	❏	❏
Vous passiez votre temps à vous quitter et à vous retrouver, pour mieux vous disputer de nouveau.	❏	❏

Si vous avez coché « oui » à deux des propositions ou plus pour l'ensemble des partenaires, votre tendance à élire des profils inadaptés à vos aspirations s'impose. Pour différentes raisons, l'engagement en amour vous pose problème. Ou alors, choisir inconsciemment des partenaires compliqués vous permet de revisiter des situations douloureuses vécues dans l'enfance : vous espérez vainement les réparer rétroactivement.

Les hommes et les femmes qui suivent ce type de parcours se glissent dans ces relations impossibles avec beaucoup de naturel. La distance, les scènes, les interdits font partie de l'interaction. N'ont-ils pas baigné dans ce climat durant les premières années de leur vie ? Ils ne réalisent nullement que, pour la plupart, ils se sont investis sans compter dans une histoire visiblement condamnée.

Relevez-vous de ce profil ? Dans ce cas, demandez-vous si le fait de répéter un schéma relationnel (trop) bien connu ne l'emporterait pas sur l'inconfort et les peurs que peut entraîner la perspective d'un changement. Dans la partie 3, vous comprendrez à quel point la remise en cause de scénarios bien implantés demande, entre autres, de la lucidité. Ainsi, pour réussir à tourner la page, il est impératif de procéder à l'analyse précise des mécanismes impliqués dans le processus de répétition que vous avez peut-être mis en place.

Observez les caractéristiques des autres schémas, et voyez si elles vous concernent.

Continuons avec les relations toxiques.

AUTODIAGNOSTIC 4

MES RELATIONS TOXIQUES

Votre propension à sélectionner des partenaires qui vous en font voir de toutes les couleurs devrait vous éclairer. Retards, disparition, comportements paradoxaux, mensonges, incohérence, rapport de forces, chantage, culpabilisation... Lisez les suggestions (non exhaustives) suivantes. Qu'elles vous exaspèrent ou entretiennent votre attirance, continuez à passer vos ex en revue et cochez les cases appropriées.

	Oui	Non
Les mensonges		
Il a menti dès le début et mentait en permanence. Parfois pour des broutilles, parfois pour cacher des sorties (prétendument avec l'objectif de ne pas me blesser).	❏	❏
Il oubliait les événements importants dont je lui avais parlé longtemps à l'avance, mais ne se souvenait en revanche que de ce qui l'impliquait directement.	❏	❏
Il menait une double vie ou gérait un harem dont je n'ai eu connaissance bien après.	❏	❏

Les retards

Il ne se positionnait pas clairement pour les rendez-vous, me répondait vaguement « peut-être »… Avec lui, impossible de prévoir !

Il arrivait en retard, particulièrement quand je l'attendais chez moi, ou annulait au dernier moment.

Il se trompait de semaine, de jour, d'heure et arguait que j'avais mal compris. Je finissais par douter de moi-même.

Le téléphone

Il disparaissait quand je tenais à le joindre, oubliait son portable, disait que la pile était morte, prétendait ne pas avoir reçu mes messages ou pratiquait uniquement l'envoi de textos. Il disparaissait des journées entières, voire plus, sans répondre à mes appels ou à mes messages.

Les projets annulés et les promesses non tenues

Il prétextait des contrariétés professionnelles ou personnelles pour refuser de me voir.

Il avait toujours une bonne raison pour remettre en cause les rendez-vous qui me tenaient à cœur et prévus de longue date (mariages, anniversaires, week-ends, sorties, etc.).

La mauvaise foi

Il s'engageait à faire quelque chose, faisait le contraire et parvenait à me convaincre que j'avais mal compris.

La culpabilisation

Il avait l'art de me rendre responsable des problèmes du couple, des siens, de ses humeurs. Il aimait à dire : « Tu ne trouveras jamais quelqu'un comme moi », avec la variante « qui t'aime autant et te supporte, et qui soit de mon niveau, compte tenu de ce que tu es. »

La dévalorisation et la critique

Il assénait des petites phrases assassines, sour- ·
noises, me comparait à ma sœur, la compagne d'un
ami, une personne plus pointue que moi dans mon
domaine... Tout en laissant entendre que j'avais ❑ ❑
les moyens de progresser, mais quel dommage, ce
manque de confiance! Moi, mes vêtements, ma famille, mes amis, tout y passait, alors que lui, bien sûr,
était parfait...

L'emprise de la jalousie

Il m'interdisait de regarder un homme dans la rue,
m'accusait de vouloir coucher avec mes collègues. Sa
jalousie m'a bridée, emprisonnée et détruite à petit
feu. Au début, elle était ténue et je l'avoue: elle m'a
flattée. Mais avec le temps, les proportions atteintes ❑ ❑
m'ont obligée à calculer chaque phrase que je pronon-
çais, chaque sortie que je faisais, et j'ai brûlé mon
énergie à le protéger d'une éventuelle suspicion et à
tenter d'empêcher sa prochaine crise.

L'argent

Il m'a «achetée» avec de jolies robes, des voitures,
une maison qui faisait office de «prison dorée». Ou
alors, je l'ai entretenu. J'ai payé ses dettes (mariage
en communauté). Ou encore, j'ai hébergé un «Bernard ❑ ❑
l'hermitte». Il se débrouillait pour ne pas avoir de revenus, me demandait chaque jour de quoi déjeuner au
restaurant et s'achetait un vêtement de marque par
semaine...

La séduction tous azimuts

Sans forcément vous tromper, il entretenait des cor-
respondances privées sur certains sites Internet.
Dans les lieux publics, lors d'invitations, son regard ou   ❑   ❑
sa façon de se comporter vous apparaissaient comme
une infidélité, même si elle n'était pas consommée. À
la fin, vous redoutiez de sortir dans la rue avec lui.

Si vous avez coché « oui » à une proposition et plus pour
chaque partenaire, vous manquez probablement de respect pour
vous-même. Là encore, hormis les « pervers[13] » qui cumulent la
plupart de ces caractéristiques, vous avez généralement été
confrontée à deux, voire trois de celles-ci au maximum. Un seul de
ces éléments, et plus particulièrement dans la perspective où il
aurait été récurrent lors de différentes histoires, suffirait à détruire
toute estime de soi.

Comme beaucoup d'enfants, vous avez peut-être grandi au
sein d'un environnement souvent « correct », cependant pas toujours bienveillant. L'envie, la jalousie, la méchanceté, le dénigrement des adultes mais aussi de la fratrie (ils agissaient comme ils
le pouvaient, compte tenu de leur propre héritage) apparaissent à
certains comme des comportements somme toute normaux. Alors
pourquoi se rebeller ? Chez d'autres, une colère est née, qui a fait
office de colonne vertébrale. Pour autant, elle n'a plus lieu d'être
dans le présent. Que vous ayez décidé de subir ou de vous opposer, de faire comme ou contre, dans les deux cas, la vie se chargera
de vous proposer des expériences similaires jusqu'à ce que vous
compreniez, enfin, que le temps est venu de vous respecter et de
vous ouvrir.

Continuons le voyage avec les relations sans risques.

---

13. Jean-Charles Bouchoux. *Les pervers narcissiques. Qui sont-ils ? Comment fonc-
tionnent-ils ? Comment leur échapper ?* Eyrolle 2011. http://pervers-narcissiques.fr

Les relations sans risques et sans piquant

À la suite d'une passion ravageuse, pour éviter d'être dévastée, après avoir vu un proche se remettre difficilement d'une histoire toxique pour ne pas vivre l'enfer qu'ont enduré leur mère avec les hommes, d'aucunes privilégient les relations sans risques.

Celles qui convolent avec le premier homme disposé à les accepter, trop heureuses d'avoir été choisies, le savent : elles ne tiennent plus la chandelle, elles ont tiré le gros lot ! À défaut d'amour, si la chance s'en mêle, elles se réjouissent de l'esthétique, de la fortune de leur chevalier. Le cas échéant, elles bénissent sa simple présence. Selon l'âge des partenaires et la durée de ces relations « raisonnables », le fait de « se ranger » correspondra à un phénomène définitif ou ponctuel (voir ci-après).

Certaines finiront à court ou moyen terme par lui reprocher de ne pas ressembler à celui auquel elles prétendent secrètement.

Ces relations sans risques nécessitent que l'on s'y attarde ici dans la mesure où, malgré les apparences stables, un volcan d'insatisfactions gronde dans les tréfonds. Les plus « sages » restent. Les autres surprennent parfois leur environnement : elles se déchaînent dès la réapparition de leur fantôme adoré, cinq voire quarante ans plus tard, ou, variante, tombent raide dingue d'un « *latin lover* » ou plus simplement d'un collègue de bureau, et même de leur patron.

D'autres encore, rattrapées par l'ennui, se séparent dans l'espoir de vivre « dangereusement ». Elles rêvent de s'enflammer et multiplient les aventures comme autant d'occasions. Soudain, la passion tant redoutée et tellement souhaitée les surprend au détour du chemin. Elles découvrent des parties d'elles-mêmes inconnues jusqu'alors et, peu habituées à ces sensations, vont confondre la passion avec l'amour (même s'il arrive néanmoins que celui-ci soit au rendez-vous). Elles rejoindront par la suite le clan de celles qui vivent dans le passé pour ne plus souffrir.

MES RELATIONS SANS RISQUES

Cochez «oui» aux propositions qui correspondent à votre réalité. Vous pouvez avoir connu une ou plusieurs situations avec différents partenaires, ou encore avec un seul.

	Oui	Non
Mon compagnon ne correspondait pas à mes critères, mais, en tamisant la lumière au réveil, je l'ai à peu près fait entrer dans le moule, et puisque je cherchais depuis longtemps, je me suis sentie délivrée.	❏	❏
Il ne me faisait pas rêver ni grimper au rideau, mais je suis tombée enceinte par accident. Mon horloge biologique m'a incitée à garder l'enfant et j'ai tenté raisonnablement de cohabiter avec le papa. Malgré tous mes efforts, mon désir a diminué au point de ne plus pouvoir partager d'intimité avec lui. J'ai cherché ailleurs sans oser partir, ou j'ai choisi le chemin de la séparation.	❏	❏
Il était le premier conjoint potentiel à se présenter. Je voulais à tout prix quitter la maison familiale. Dans ma génération, on partait pour convoler. C'est donc sur lui que s'est arrêté mon choix.	❏	❏
Après une longue passion dévastatrice sur le mode «ni avec toi ni sans toi», un ami d'enfance, un flirt de jeunesse ou un inconnu visiblement motivé a débarqué dans ma vie. Il m'a aidée à m'en sortir. Je me suis installée avec lui par culpabilité ou parce que j'ai parié sur lui (à tort, comme cela arrive souvent).	❏	❏
Un soupirant empressé plaisait beaucoup à mes parents. J'ai cédé à son insistance. Je me suis mariée, puis sont venus les enfants, le barbecue dans le jardin et les fêtes familiales, et je me suis beaucoup ennuyée.	❏	❏

Un tiers rencontré lors d'un déplacement professionnel a révélé la femme en moi, sensuellement parlant. J'ai découvert que je pratiquais à la maison une sexualité mécanique et désaffectée. Pourtant, je me suis engagée avec mon mari en pensant que je vivais l'amour. Depuis, je ne regarde plus mon conjoint de la même façon et j'ai l'impression de m'étioler. ❏ ❏

Un trentenaire célibataire, voyant comme moi les amis s'installer en couple les uns après les autres, a suggéré que nous les imitions. «Notre amitié amoureuse, a-t-il affirmé, sera solide.» Je me suis résolue à cohabiter, mais ce que je vis ne ressemble pas, loin de là, à de l'amour. ❏ ❏

Il appartenait à la catégorie de ceux dont je n'aurais jamais voulu il y a quelques années. Cependant, entre-temps, j'ai divorcé suite à une erreur de «*casting*». Après avoir erré sur le marché de la rencontre pendant quelques années, jalouse de mon ex qui, lui, a retrouvé très vite, j'ai abaissé mes attentes et il a fait l'affaire. Je me raccroche à ses quelques qualités que je mets en avant pour justifier sa présence dans ma vie. Au moins, mon entourage m'invite à nouveau lors des soirées en «couples». ❏ ❏

Si vous avez coché «oui» à une proposition et plus, vous savez au fond de vous que vous avez payé cher, ou payez encore, le prix d'un choix raisonnable. Pourquoi? Vous avez cessé d'y croire et de vous faire confiance. Rappelez-vous: qui mieux que vous portera le beau projet d'un amour partagé? Ne baissez jamais les bras, vous attireriez un homme qui vous ressemble à ce moment-là.

Les relations réparatrices (de l'autre)

La sauveuse, instinctive et passionnée, nie totalement ses propres besoins. Elle recueille les «chiens perdus sans collier» qui passent alentour.

Vous pensez, sans tenir compte de leur passé amoureux, qu'avec vous, ils découvriront la rédemption et vous le seront éternellement reconnaissants. Le problème, c'est qu'une fois leur moral retrouvé, ils se dirigent vers une autre, qui n'aura pas été le témoin de leur parcours du combattant. Ou bien ils ne s'en sortent pas; vous n'en pouvez plus de gérer trois enfants, conjoint compris, et de réparer ses excès.

Dans les deux cas, vous avez été programmée pour le sauvetage en mer haute par mauvais temps. En effet, à dépendre des «progrès» de votre partenaire, vous devenez codépendante. Vous consacrez votre énergie à le sortir de l'ornière. Tous les moyens mis en œuvre, du moins l'espérez-vous, assureront la victoire sur le démon qui gangrène la relation. Chaque récidive sonne le glas de l'essai et celui d'une ultime tentative. Quelle que soit la nature de l'addiction, le fait de lutter contre elle à deux passe initialement pour une alliance dans le couple, mais les choses finissent souvent mal. En synthèse, la sauveuse, par refus de voir la réalité, justifie les infidélités et autres maltraitances. À ce titre, le mécanisme d'ajustement de la réalité à ce qu'elle aimerait vivre cristallise ce qu'expérimentent les adeptes des liaisons dangereuses en général : un manque de conscience à la mesure des blessures de l'enfance. À ce dernier s'ajoute un manque de discernement, d'estime de soi, une incapacité à sortir du cercle vicieux et une peur panique de lâcher une situation désagréable, mais connue, pour prendre le risque de surmonter ses peurs (voir partie 3).

« MOI, SAUVEUSE... »

Cochez «oui» aux propositions qui correspondent à votre réalité. Vous pouvez avoir connu une ou plusieurs de ces situations avec différents partenaires, ou encore avec un seul.

	Oui	Non
Il était drogué, alcoolique, accro au sexe ou atteint d'une autre dépendance, et j'ai entrepris de le soigner.	❏	❏
Il était dépressif et j'ai pensé que mon amour lui redonnerait goût à la vie.	❏	❏
Il était préoccupé par son ex qui aliénait sa fille. J'ai passé un temps fou à l'aider à sortir la gamine des griffes de la mère.	❏	❏
La sexualité n'était pas son truc. Les médicaments lourds qu'il prenait pour se soigner lui coupaient tout désir. Je compensais en le caressant et en le massant, mais il ne me rendait pas mon affection, encore moins mes messages.	❏	❏
Je suis devenue sa psy, son assistante sociale, bref, son factotum[14].	❏	❏
J'ai élevé ses enfants, sauvé sa sœur d'un pervers, changé les couches de son père, accompagné et enterré sa mère, géré la vente de sa maison, etc.	❏	❏
Je l'ai aidé à trouver du boulot, à terminer son divorce, à faire ses travaux dans l'appartement, et il est parti avec ma meilleure amie.	❏	❏
Il payait les traites et moi les charges, mais quand je suis partie, la maison était à son nom.	❏	❏

---

14. Un factotum est une personne qui s'occupe de tout dans une maison.

	Oui	Non
Il gagnait trois fois moins que moi. Il a obtenu une garde alternée des enfants et que je lui verse une pension alimentaire. Il touche les allocations familiales, met les enfants sur sa feuille d'impôts alors que dans les faits, ils passent quatre-vingt-dix pour cent du temps chez moi (parce que là, au moins, ils ont leur chambre individuelle).	❏	❏
Il était toujours trop fatigué pour m'honorer mais, dès que j'avais le dos tourné, il contait fleurette à toutes nos voisines: «Tu comprends, depuis mon accident, que j'ai perdu mon boulot, ma mère, je m'ennuie. Il faut bien que je parle à quelqu'un, sinon je vais déprimer.»	❏	❏

Si vous avez coché «oui» à une proposition et plus, vous avez désormais compris le principe de ces autodiagnostics. Les comportements décrits précédemment sont inacceptables. Vous les avez supportés dans une autre vie. Aujourd'hui, identifier vos habitudes funestes vous évitera de les reproduire.

Vanessa, 35 ans, témoigne d'un parcours significatif de sauveuse: «Mon ex-mari avait arrêté de travailler et j'ai assumé la maison huit ans durant. Pendant cette période, il ne daignait même pas aller chercher sa fille à la sortie de l'école. Elle restait à la garderie en attendant que je rentre du travail, vers 19 h. Plusieurs fois, je lui ai demandé de retrouver un job, mais il s'est encroûté. Sa ritournelle, c'était qu'il avait toujours besoin de temps! Quand nous avons décidé de nous séparer, à l'été 2008, il m'a dit: "Tu ne peux pas partir, je n'ai pas de travail." Caliméro, ça lui va bien, comme surnom! Moi, j'ai accepté de rester une année scolaire (2008-2009) de plus, le temps qu'il trouve un boulot. Puis j'ai voulu vendre la maison, mais il m'a fait encore son Caliméro, car avec son petit salaire il ne pouvait pas assumer de loyer. Donc, j'ai attendu (encore) qu'il se refasse une santé. La maison est en vente depuis mars 2011 et rien ne bouge... C'est moi qui ai fait toutes les démarches pour la mise en vente, sites Internet, agence, petites annonces dans les journaux, bouche à oreille, mais rien! Et ça me pèse fortement. Pendant les dernières années, il a toujours voulu se lancer dans une nouvelle activité, mais il lui fallait plus de... temps! Pour trouver la force de rompre, j'ai rencontré quelqu'un. Je l'ai idéalisé, *of course*, mais j'ai vite déchanté... *of course* aussi!»

Le témoignage de Vanessa montre que savoir le père de sa fille dans les parages et râler contre lui apporte plus de confort que de couper le lien. Dans la partie 3, vous comprendrez, si ce n'est déjà le cas, d'où vient sa difficulté.

Les relations de dépendance

Les relations de réparation s'accompagnent souvent de dépendance, et on trouve dans ces deux catégories des profils parfois proches. Un point essentiel pourtant les différencie: la sauveuse se réjouit de donner, réparer et recevoir de l'attention quand le sauvé va bien ou qu'il promet de changer. Au contraire, la dépendante s'attache plus généralement à un homme qui ne promet rien ou vaguement, qui se laisse aimer et qui raffole de l'idée qu'elle en pince pour lui. Voyons à ce sujet l'histoire de Céline, 37 ans.

«J'ai vécu une relation de cinq ans avec Jérémie. Je l'ai aimé comme personne, mais que j'ai fini par quitter. Nous ne partagions pas grand-chose et, pour résumer, il n'était pas disponible pour moi ni pour notre couple. J'ai dépassé mes limites personnelles en le portant, en le soutenant, en étant présente, mais je n'ai pas reçu l'amour, le soutien et la présence dans la relation amoureuse: c'était totalement déséquilibré! Vers la fin, j'étais si malheureuse que je ne me reconnaissais plus. J'ai réalisé qu'il ne changerait pas et qu'il était ce qu'il était. Il était donc grand temps pour moi de me faire une raison et de réaliser que notre vision de la relation n'était pas compatible malgré une courte tentative de thérapie de couple qu'il n'a pas souhaité mener à terme. Maintenant, cela fait un an que c'est terminé. Je me reconstruis, j'ai envie de continuer ma vie amoureuse. Mais j'ai peur d'en baver à nouveau. J'associe l'amour à de la souffrance, immanquablement. C'est comme si une partie de moi était bloquée dans le passé... tout en sachant que je suis très au clair, je ne l'aime plus. Pour avoir tenté une fois déjà une réconciliation, j'y ai cru et, au final, chassez le naturel... Il n'avait pas changé d'un iota. J'ai 37 ans, je n'ai pas d'enfant et j'aimerais réellement rencontrer quelqu'un avec qui être heureuse, dans le partage, la communication.»

Un certain nombre de livres éclairent cette question avec beaucoup de finesse[15], [16]. Malgré tout, la dépendante pratique la politique de l'autruche.

<hr>

AUTODIAGNOSTIC 7

MES RELATIONS DE DÉPENDANCE

Cochez «oui» aux propositions qui correspondent à votre réalité. Vous pouvez avoir connu une ou plusieurs situations avec différents partenaires, ou encore avec un seul.

	Oui	Non
Au moment de la rencontre, il est dépressif, simplement mélancolique, séducteur, drogué, alcoolique ou joueur compulsif, artiste en mal d'inspiration, accro aux jeux vidéo, prisonnier d'une situation complexe sur le plan juridique (sans carte de séjour, mais avec un statut reconnu d'étudiant,...), fiscal, administratif, ou pour ce qui concerne son logement (il est hébergé par une femme plus âgée, il s'agit seulement d'une amie, il n'a pas de téléphone, j'ai son adresse mais pas le droit de venir pour éviter tout malaise cardiaque à la propriétaire), etc. Il m'a prévenue qu'il était «un cas».	❏	❏

<hr>

15. Sylvie Tenenbaum. *Vaincre la dépendance affective,* Albin Michel, 2010.
16. Marie Lise Labonté. *Vers l'amour vrai,* Albin Michel, 2007.

Il attend… sa promotion, le décès de ses parents qui ne supporteraient pas notre liaison, d'aller mieux, car il vit des situations difficiles depuis quelque temps, que ses enfants soient grands pour quitter sa femme, la fin des travaux dans son pavillon ou celle du prochain délai que je lui accorderai, le jour où il aura trouvé du boulot, le résultat du procès interminable à son ancien employeur… pour, enfin, vivre avec moi !

❏ ❏

Je l'aime plus qu'il ne m'aime. En fait, il se laisse aimer parce que je lui fais le grand jeu en permanence. J'invente, innove, j'apprends à faire des choses incroyables pour lui (de la pôle danse ou un voyage en traîneau dans le Grand Nord, ou encore son ménage, sa cuisine, son repassage). J'attends qu'il réalise à quel point je suis exceptionnelle. Il est bluffé souvent, il m'admire, me respecte, mais il ne m'aime pas. J'ai prévu de continuer jusqu'à un semblant de reddition… jusqu'au jour où il se damnera pour une autre, pas même belle, pas même jeune, qui lui tiendra la dragée haute parce qu'elle attend que son « *bad boy* » la siffle, le retour de son ex, ou parce qu'elle se sera suffisamment respectée pour qu'il ait envie de construire avec elle, et je le verrai au mariage d'amis communs poussant un landau au bras de sa fiancée !

❏ ❏

Il est marié ou assimilé (il vit avec une conjointe de fait). Je le fréquente depuis trois ans. Il me l'a dit dès le départ : « Jamais je ne plaquerai ma femme. » Je l'ai déjà quitté trois fois, mais je reviens systématiquement. Pendant ce temps, je drague sur des sites Internet et je rencontre des gens, pour autant je ne pense qu'à ma passion. Je ne parviens pas à rompre définitivement malgré les conseils de mon entourage.

❏ ❏

Je l'ai rencontré sur un *chat*, pour une raison professionnelle, à la suite d'une petite annonce passée sur un support spécialisé. Bref, j'ai commencé à échanger par téléphone et nous avons sympathisé. Après quelques semaines, une complicité est née et il est venu dans ma ville, à des centaines de kilomètres de chez lui. Le week-end a été merveilleux, nous nous sommes encore parlé par courriel et SMS quelques fois. Il vient de m'annoncer qu'il n'est pas amoureux. J'espère qu'il va changer d'avis, car il donne assez régulièrement des nouvelles. ❑ ❑

Je vis l'une des configurations précédentes. Seulement moi, j'ai un truc en plus : je fréquente les voyantes. Toutes, à l'unanimité, affirment qu'il reviendra genou à terre déclarer sa flamme. Je souffre terriblement. Je passe mon temps à l'espionner, à guetter le moindre signe qui justifierait les dires de mes conseillères occultes. Il me souhaite un bon anniversaire, m'offre un bracelet pour le simple plaisir de me faire un cadeau ? Il dit qu'il va parler à sa femme ? Dans ma tête, le moindre geste annonce les prémices d'une déclaration officielle. ❑ ❑

Si vous avez coché « oui » à une proposition et plus, vous vous sentez peut-être en colère. En effet, votre idylle ne peut se résumer à cette vision pessimiste du couple, où l'homme aimé serait un vilain manipulateur. Vous savez bien que votre amour ne relève pas du délire ; dans votre chair, il a sa raison d'être. Pourtant, le besoin de se raconter une histoire, de jouer avec les incohérences de l'autre pour qu'elles deviennent acceptables, de vous rassurer quant à la valeur de votre vécu vous aveuglent.

Les relations mensongères

Ce type de relation fonctionne sur le déni. Les « masquées » ont anesthésié une partie de leur histoire à la suite de traumatismes divers : rupture difficile, succession de rejets et d'humiliations, trahisons. Au lieu de sombrer dans la dépression, elles se structurent autour de la dénégation, comme si, en définitive, l'événement douloureux n'avait pas eu lieu. Dès que les « masquées » effleurent la partie visible de l'iceberg de leur blessure au cours d'une thérapie ou d'une discussion, elles se figent et se caparaçonnent. Renoncer à la colonne vertébrale érigée si péniblement pour supporter l'insupportable relève de l'impossible. Avec le temps, après une série d'échecs affectifs, elles finissent par entrevoir les raisons de leurs difficultés. Pour autant, elles négocient avec leur « drame ». Elles accomplissent en partie seulement le chemin qu'il faudrait suivre pour traverser leur culpabilité, conflit de loyauté ou autre problématique. Cette lutte permanente entre envie de vivre autre chose et besoin de rester sur un terrain connu, entre ouverture et crispation, sera développée dans la partie 3.

AUTODIAGNOSTIC 8

MES RELATIONS MENSONGÈRES

Cochez « oui » aux propositions dans lesquelles vous vous reconnaissez.

	Oui	Non
Je suis célibataire, fière de l'être, et cela me convient bien ! (Comprendre : « La dernière fois que je suis tombée amoureuse, j'ai été trompée. Une fois suffit, on ne m'y reprendra plus ! »)	❏	❏
L'amour, je n'y crois plus, toi non plus, alors allons-y !	❏	❏
Je prétends être joyeuse, toujours prête à faire la fête, à organiser des dîners, à partir en week-end, etc. En réalité, je suis profondément mélancolique, et le masque de bon vivant me permet de tenir.	❏	❏

Je m'identifie à un personnage valorisant à mes yeux, j'agis comme j'imagine que cette héroïne le ferait, et je passe à côté de mes besoins fondamentaux. Par exemple, je joue la femme fatale distante (la madonne des *sleepings*) alors que je suis une midinette. J'ai honte de cette partie de moi.

❑ ❑

J'ai compris après moult échecs que si je révélais ma dépendance, mon besoin d'être aimée, l'autre me quitterait aussitôt. Alors j'ai mis en place des stratégies pour dissimuler mon «vampire» intérieur assoiffé d'attention.

❑ ❑

Je justifie les attitudes de l'autre qui n'entrent pas dans mes valeurs : «Il m'a dit qu'il était libertin. Puisque j'ai affirmé que cela ne me convenait pas, il a promis de m'être fidèle. Il passe son temps à me quitter et à revenir et jure qu'il est fidèle pendant les périodes où il me fréquente.»

❑ ❑

Je justifie son indifférence : «Il dit qu'il n'est pas amoureux de moi et qu'il reste parce que j'ai un bel appartement et que je ne suis pas exigeante envers lui, mais il n'en pense pas un mot, je sais qu'il m'aime en secret. Il est juste trop pudique pour se l'avouer.»

❑ ❑

Avancer «masquée» induit une certaine forme de schizophrénie dans la relation. Le décalage entre le désir d'amour réciproque et l'apparente distance que vous arborez ou la prétendue joie que vous affichez risque d'attirer, par le phénomène du miroir, des partenaires identiques qui, eux aussi, refoulent leurs aspirations.

À partir de ces autodiagnostics, vous avez sans doute identifié les schémas que vous avez tendance à reproduire. Peut-être même en cumulez-vous plus d'un? Rien de plus normal. Les répétitions proviennent de défenses qui, dans l'enfance, accomplissaient leur fonction : vous protéger et vous permettre de survivre dans un monde souvent hostile dans lequel les adultes comblaient difficilement vos nombreuses attentes. Ne pensez pas qu'occulter le passé vous apportera la sérénité. Vos drames et blessures d'autrefois vous poursuivront jusqu'à votre dernier souffle. Pour pacifier avec, il faudra les nommer et les reconnaître. Cependant, avant de visiter le monde de l'enfance, commencez par celui des êtres qui ont partagé votre vie plus récemment.

ENTOMOLOGIE DE MES PARTENAIRES :
J'ANALYSE MON PARCOURS AMOUREUX

Toute histoire naît de deux volontés, deux désirs, deux reconnaissances, comme une évidence, une attraction fatale, une lente progression, ou encore une joute sur le mode « je t'aime moi non plus ». En d'autres termes, vous vous êtes mutuellement choisis, votre partenaire et vous, pour des raisons névrotiques. Votre attirance l'un pour l'autre ne repose pas sur du vide.

À chaque étape de l'analyse de votre parcours affectif, partez toujours de votre point de vue, de votre ressenti.

AUTODIAGNOSTIC 9

À QUELLE SAUCE AI-JE ÉTÉ DÉGUSTÉE PAR MES EX ?

Installez-vous confortablement. Pour avancer, il est essentiel que vous preniez le temps de peser chacun des mots grâce auxquels vous mènerez votre réflexion. Placez votre cahier à l'horizontale, mode paysage, de façon à concevoir un tableau. Occupez tout l'espace du papier. Pensez grand !

Dressez sept colonnes. Ajoutez une ligne « chapeau » tout en haut de votre tableau, pour baptiser les colonnes au fur et à mesure que vous les remplirez. En haut de la première colonne, celle de gauche, écrivez : «Noms de mes partenaires marquants». Inscrivez ensuite dans cette colonne les noms des hommes qui ont jalonné votre vie. Démarrez avec le tiercé gagnant, et ajoutez ceux qui vous importent par ordre décroissant. Si vous avez vécu de nombreuses liaisons courtes et que des profils similaires se retrouvent, créez un archétype quitte à le constituer de trois prénoms ou d'un surnom. Si vous avez accumulé des histoires platoniques, considérez-les au même titre que des liaisons.

Intitulez la deuxième colonne «Traits positifs». En face de chaque nom, inscrivez-y d'abord les qualités de ce partenaire, selon vos critères (exemple : tendresse, réciprocité, fluidité). Entourez les mots communs à tous. Dans le chapeau de la troisième colonne, écrivez ensuite : «Traits positifs communs», et répercutez les mot entourés.

Vous ne trouvez pas de points communs? Écrivez les cinq spécificités que vous avez le plus appréciées. N'hésitez pas à ajouter les qualités qui sont déterminantes pour vous, même si elles ne sont spécifiques qu'à un partenaire. Par exemple : mystérieux, drôlissime, subtil, intelligent, beau, etc.

Dressez un second tableau, similaire au premier. Réécrivez dans la première colonne les noms de vos partenaires, puis procédez à l'identique pour les défauts de chacun. Par exemple : distant, rigide, etc. Entourez les mots communs. Vous ne trouvez pas de points communs? Écrivez les cinq défauts qui vous ont le plus déplu. N'hésitez pas à ajouter des termes spécifiques à un partenaire, mais qui furent pour vous marquants. Par exemple : pervers, dépressif, jaloux, etc.

Dans les tableaux, vous voyez ainsi apparaître une synthèse en positif et en négatif des compagnons qui ont marqué votre vie. Ce résumé devrait mettre en évidence des traits de personnalité qui, aujourd'hui, vous rappellent de bons ou de mauvais souvenirs, ou encore éveillent votre nostalgie ou votre colère.

Que se passait-il lorsque vous tutoyiez le bonheur? Et dans les moments où vous souffriez? Prenez le temps de ressentir, de retrouver la saveur de ces histoires. Notez ce qui vient sur une feuille à part, pleurs ou joie, regrets, et surlignez le trait positif qui a déclenché votre émotion la plus sombre, et qui a activé extase et enthousiasme, tant vous étiez heureuse à l'époque de cette relation.

Aller plus loin consiste désormais à décortiquer ce processus dans votre chair. À partir du ressenti de votre corps, que vous ne manquerez pas d'écouter désormais, vous décèlerez, lors des prémices de la prochaine relation, si celle-ci vous convient. Cette capacité à saisir l'instant vous permettra d'être l'actrice de vos choix amoureux.

Suivez scrupuleusement les indications de ces deux tableaux. Elles sont essentielles pour comprendre ce que vous avez mis en place depuis des années et pour éviter de le reproduire.

Dans la quatrième colonne du premier tableau, en face de chaque qualité des hommes qui vous ont le plus marquée, dites ce que celle-ci vous amenait à éprouver jadis (ou vous amène à éprouver maintenant) en termes de sensations. Faites la même chose en face des traits négatifs. Pour vous aider, référez-vous à la feuille que vous venez de remplir.

Les exemples suivants sont donnés à titre indicatif pour vous inspirer.

Exemple : Si vous avez retenu comme qualités la sensibilité, l'intelligence, les performances sexuelles, vous pouvez éprouver des sensations de joie, plénitude, bonheur, émotion, plaisir, fierté.

Si vous avez inscrit comme défauts : distance, jalousie, violence, vous pouvez éprouver des sensations d'angoisse, de peur, de frustration.

Dans la cinquième colonne des deux tableaux, après les sensations, notez les ressentis corporels positifs et négatifs en relation avec les mêmes qualités et défauts.

Exemples : Puissance, légèreté... ou encore cœur battant, gorge nouée, douleur au dos.

Enfin, dans la sixième colonne, notez, vis-à-vis de chaque prénom, les comportements agréables et désagréables qui vous mettaient dans tous vos états.

Par exemple : Réciprocité (contact tactile, toucher), capacité d'expression (mots doux, échanges riches).

Pour vous, le contact déclenche votre bien-être.

Autre exemple : Distance, indifférence (silence radio, disparition, retards...), envahissement (harcèlement téléphonique, omniprésence), etc.

Pour vous, la disparition (votre partenaire, soudainement, a cessé de vous donner signe de vie) vous déstabilise.

Chacun de ces tableaux se caractérise par des mots, évocateurs d'images. Véritables montagnes russes de vos relations passées, ils mettent en évidence deux tendances qui deviendront des repères. D'un côté, une attitude désagréable, non souhaitée, voire irrespectueuse qui conduit éventuellement à la rupture. De l'autre, des situations douces, quasi magiques, celles que vous préférez vivre. Les points détestables ne vous rappellent-ils pas certaines situations vécues dans l'enfance, dont vous avez été le témoin ou que vous avez subies directement ? Malgré votre désir de vivre des relations enrichissantes, sereines, vous avez peut-être été formatée, durant vos premières années, pour « supporter » des interactions peu confortables. Souvent, après beaucoup d'humiliations, une petite voix prend la parole pour protester. Seulement, la traversée vers l'inconnu vous effraie. Les situations « douillettes » ne vous font-elles pas dire quelquefois : « C'est trop, c'est pas normal. Je ne suis pas habituée à tant de bienveillance, j'ai peur ! » ? Là s'impose définitivement le choix de l'ouverture ou de la fermeture. Ce thème sera développé dans la troisième partie.

La répétition et ses grandes déclinaisons

Ainsi, nous venons de voir qu'une logique inconsciente pourrait bien orchestrer votre vie affective. À partir de ce qui apparaît précédemment, vous appréhendez désormais certains aspects de votre parcours avec plus de précision, particulièrement les similitudes troublantes entre les différents messieurs avec. Dans certains cas, n'avez-vous pas été plus souvent confrontée à leurs défauts et aux répercussions de ceux-ci qu'aux points positifs de la relation? À croire que, parfois, vous avez payé très cher vos moments de bonheur.

À ce stade, il devient intéressant d'établir un lien plus direct entre la façon dont vous avez «négocié» votre place durant l'enfance et celle que vous avez prise dans la relation amoureuse.

QUELS LIENS ENTRE MON ENFANCE, MON ÉDUCATION ET MES CHOIX AFFECTIFS?

Prendre sa place, occuper l'espace, se faire remarquer... ou disparaître dans un trou de souris, éviter de déranger... Ces expressions caractérisent la posture qui fut la vôtre (ou qu'on vous a attribuée) autrefois. Par excès ou par défaut, un modèle s'est mis en place, dans la soumission ou la rébellion, par rapport à un système familial. Les circonstances qui entourent votre naissance comptent également dans la perception qu'ont eue vos parents lors de votre arrivée dans la famille. Étiez-vous attendue en tant que fille, ou êtes-vous née après cinq garçons ou après la mort subite d'une aînée? Peut-être même êtes-vous venue au monde le jour du décès de votre grand-mère, que votre père détestait tant?

Exister à tout prix, faute d'un regard bienveillant, ou servir une personne, un groupe en silence pour mieux se faire accepter, voilà comment se construit un schéma de répétition. Il conduit, entre autres, à rechercher des partenaires qui, s'ils ne se ressemblent pas forcément, vous feront revivre ce que vous connaissez déjà. Ils vous permettront de retrouver un climat familier, même si celui-ci n'est pas idéal, loin de là.

À y regarder de près, vos partenaires se comportent donc, à vos yeux, comme certains membres de votre famille; vous les avez précisément choisis selon ces critères sans vous en rendre compte[17]. Alors, avez-vous tenté inconsciemment de réécrire votre histoire à partir d'une mise en scène analogue? Vous espériez cette fois obtenir le beau rôle, en vain. Ou peut-être avez-vous reproduit le modèle familial, parfaitement intégré, qui fait désormais partie de votre réalité?

Le plus difficile consiste à refuser toute complaisance. C'est précisément en commençant à mettre des mots sur des situations, des ressentis, voire des injustices que vous changerez votre posture interne. Par crainte de blesser un parent âgé, vous risquez de vous enfermer dans un piège. À l'inverse, la colère et l'amertume pourraient vous dépasser, au point d'empêcher cette confrontation calme avec vous-même. L'objectif de ce rendez-vous avec l'enfant que vous étiez consiste à le rencontrer et à le reconnaître pour que votre réalité amoureuse ne soit plus dictée par les ombres du passé, mais par la partie joyeuse, libre et sacrée qui vit en vous, au-delà des blessures les plus indignes.

Prenez votre cahier et concentrez-vous. Dans un premier temps, des questions vont vous aider à replonger dans vos souvenirs lointains. Rappelez-vous de détails oubliés, mais tellement symbolique. Vous noterez ces informations dans un second temps.

Du plus loin qu'il vous en souvienne, comment vos parents ou les personnes qui prenaient soin de vous, nourrice, grands-parents, se comportaient-ils à votre égard? Avec qui étiez-vous le plus régulièrement en contact? Aviez-vous un faible pour un membre éloigné de la famille? Redoutiez-vous un frère, une tante ou un personnage qui vous traumatisait? Avez-vous dû prendre soin d'un parent malade, d'une petite sœur, d'un oncle?

Existe-t-il un « avant » ou un « après » la naissance du cadet, l'accident, le départ ou le décès d'un membre de la famille? Voici quelques exemples de ces situations qui marquent profondément le destin d'une famille:

---

17. Carlo Trippi. *La thérapie Imago*, Jouvence, 2008.

« Quand ma mère nous a quittés, mon père est tombé en dépression. »

« Après que mon frère s'est fait écraser par une voiture, l'ambiance à la maison n'a plus jamais été la même et le sujet est devenu tabou. »

« Quand mon père a changé de travail, nous avons quitté le village et j'ai perdu tous mes repères. »

Pour préciser, allez encore plus loin. Aidez-vous des propositions suivantes et explorez toutes les possibilités qui vous viennent à l'esprit.

Quand j'étais petite, j'étais :
l'idole
la chouchoute de…
la bête noire de…
traitée de façon méprisante par…
comparée positivement ou négativement à mon aîné/mon cadet
l'incarnation du conjoint de substitut d'un parent, le soleil de l'autre, etc.

Continuez :
Quand j'avais une information positive (selon moi) à annoncer à la maison, ou une demande à faire accepter, voilà comment j'agissais :
Je laissais traîner la rédaction avec une bonne note sur la table.
Je demandais solennellement, au moment du repas, une autorisation de sortie à une fête, à un concert, etc.
J'en parlais en douce à ma mère pour ne pas blesser ma sœur, punie ou handicapée, et elle prétendait que j'allais à une journée pédagogique avec ma classe…

Ensuite :
Quand j'avais une information négative (selon moi) ou une revendication délicate à exprimer, voilà comment j'agissais :
Je taisais la punition jusqu'à ce que l'école appelle mes parents, ce qui arrivait systématiquement.

Je faisais le clown et mimais pour qu'ils devinent ce que j'avais à dire, puis j'attendais le dernier moment pour évoquer la permission demandée, de crainte qu'ils ne me la refusent, etc.

Quand vous aurez bien contacté ces souvenirs, établissez une liste, par ordre d'importance et de proximité, des êtres les plus proches de vous, même si vous avez assisté à des changements (selon un même système de classification que pour les ex, à l'autodiagnostic 9). Vous devriez identifier entre deux et huit personnes, en fonction des membres qui vivaient au foyer. Même si vous avez perdu très tôt un être cher, jeune ou âgé, il compte pour une présence.

AUTODIAGNOSTIC 10

L'ENFANCE

Une fois la liste prête, reproduisez deux tableaux selon le modèle de ceux de l'autodiagnostic 9. Contentez-vous de six colonnes. Dans le chapeau figurent les mêmes éléments : noms des personnes, traits positifs, traits positifs communs, etc. Dans la première colonne, indiquez les noms des proches : papa, maman, etc., en commençant par celui ou celle qui comptait le plus, selon sa disponibilité ou selon l'intensité des liens que vous partagiez.

Avant de commencer à remplir les cases à partir de l'exercice de réflexion précédent, dessinez sur une feuille autant de bulles qu'il existe de noms sur votre liste de proches. À l'intérieur, décrivez par des adjectifs les caractéristiques, en vrac, que vous attribuez à chacun. Adaptez le contenu à votre ressenti d'enfant, en fonction de l'environnement d'alors. Les bulles remplies, démarrez avec le premier nom, par exemple votre mère. Répartissez les adjectifs (douce, soumise, autoritaire, méchante, perdue, etc.) dans la deuxième colonne du premier ou du second tableau, selon qu'ils vous apparaissent comme positifs ou négatifs. Poursuivez avec les autres membres de la famille, par exemple : Papa (arrogant, impatient, bienveillant, sadique, drôle), un frère, des sœurs (rivalité, jalousie, fusion, protection). Notez ce qui vous vient sans réfléchir, ni batailler avec une argumentation qui empêcherait vos émotions d'émerger, par là même, vous interdirait de voir clair en vous.

Exemple : Sylvie était souvent punie le mercredi soir, jour magique où maman emmenait ses filles au cinéma. Combien de fois a-t-elle vu sa cadette enfiler son manteau avec un rictus de victoire sur le visage, tandis que son grand frère ronchonnait à l'idée de faire le babysitter ? Sylvie a-t-elle ajouté « injustice » en face des prénoms de sa mère et de sa sœur ?

Tous les adjectifs sont répartis ? Suivez le même processus qu'avec vos ex et remplissez toutes les colonnes. Si certains qualificatifs existent en une seule occurrence et qu'ils vous semblent importants, ajoutez-les.

Toujours dans la même veine, la quatrième colonne du premier tableau de l'autodiagnostic 9, en face de chaque qualité des hommes de votre famille, écrivez ce que chacun vous amenait à éprouver jadis (ou vous amène à éprouver maintenant) en termes de sensations. Faites la même chose en face des traits négatifs. Pour vous aider, référez-vous à la feuille que vous venez de remplir.

Dans la cinquième colonne des deux tableaux, après les sensations, notez les ressentis corporels positifs et négatifs en relation avec les mêmes qualités et défauts.

Dans la sixième colonne, notez, vis-à-vis de chaque membre, les comportements agréables et désagréables qui vous mettaient dans tous vos états.

Enfin, comparez vos ressentis d'enfant à l'égard des membres de votre famille et votre vécu avec vos partenaires. Un fil conducteur de constantes s'impose-t-il ? Commencez par superposer les quatre tableaux : vous devriez découvrir d'étranges similitudes. Certains de vos ex ne regroupent-ils pas les caractéristiques de membres de votre famille, tant dans leurs aspects positifs que négatifs ? Maintenant, entourez les mots des tableaux de vos ex qui font miroir ou écho avec ceux des tableaux familiaux. Puis effectuez la synthèse : répercuter dans la colonne 7 des tableaux des ex, les prénom ou fonction des personnes proches dans l'enfance qui incarnent le mieux les ressentis liés à ces hommes.

Vous comprenez désormais pourquoi vous ne pouviez.quitter Olivier, aussi dépressif que votre mère, pourquoi vous supportiez Jean, dont les mots durs vous liquéfiaient, comme ceux de votre père ? De surcroît, vous avez peut-être réalisé qu'une grand-mère vous a heureusement « retricotée », ou qu'une de vos sœurs vous déteste autant qu'à l'époque. Quant à votre frère, le souvenir de ses attouchements vous glace encore d'horreur. À ce stade, une consultation avec un coach ou un thérapeute spécialisé pourrait vous aider à clarifier ces informations.

Maintenant que vous avez établi le lien entre certaines attitudes de vos partenaires et certains comportements de vos « éducateurs », il est temps de prendre conscience du processus de répétition et, éventuellement, des conflits de loyauté sous-jacents. Ces derniers ont probablement entraîné, au cours de votre vie, des choix impossibles, ou vous ont plongée dans une terrible solitude, une sorte de servitude volontaire[18] qui s'exercerait entre vous et vous.

MA PLACE DANS LA FRATRIE AURAIT-ELLE UNE INCIDENCE SUR MES CHOIX AMOUREUX ?

Votre place dans la fratrie a une signification particulière : aîné, enfant du milieu, cadet élevé comme un enfant unique parce que né dix ans après tous les autres. La présence d'un frère (ou d'une sœur) handicapé(e), surdoué(e), d'une beauté exceptionnelle, victime d'un drame, ajoute une dimension supplémentaire à votre histoire. L'éventuelle (omni)présence d'un tiers au foyer, la personnalité

---

18. Comment peut-il se faire que « tant d'hommes, tant de bourgs, tant de villes, tant de nations endurent quelquefois un tyran seul, qui n'a de puissance que celle qu'ils lui donnent ? » La Boétie. *Discours de la servitude volontaire*, Mille et une Nuits, 1997.

marquante d'un éducateur, l'amitié indéfectible d'un camarade datant de la maternelle peuvent vous marquer favorablement. Les valeurs de la famille, le milieu social, le poids de la religion, surtout si les quatre grands-parents sont de confessions religieuses différentes, influent tout autant. S'ajoutent à cela des archétypes qui préfigurent des conditions de développement douloureuses : un parent alcoolique, dépressif, volage, incestueux, etc.

Parallèlement, un fort sentiment d'injustice à l'égard de votre cadet peut être né, par exemple, si vos parents lui ont payé des études parce qu'à un certain moment, leurs revenus avaient augmenté. Ou alors vous avez cru atteindre, par procuration, le niveau de votre frère surdiplômé en épousant un universitaire. Au contraire, si vous étiez la chouchoute de votre père et que votre frère n'a pas eu le même accès aux études, vous « réparez » ce dernier en épousant un partenaire d'un profil socioculturel « inférieur » au vôtre.

Être respecté par sa famille permet d'élire des conjoints qui vous respectent. Et l'inverse se conjugue tout autant. Durant la prime enfance, les parents apparaissent comme des dieux ; leurs paroles et attitudes représentent la vérité. Il est difficile d'imaginer qu'eux-mêmes, sans doute mal reconnus par leurs propres parents, répètent des interactions déjà vécues ou se consolent, par votre entremise, de leurs erreurs de *casting* amoureux (« Ton père, cette ordure ! » « Ta mère, cette garce qui est partie avec mon meilleur ami ! »), ou encore vous considèrent comme leur bâton de vieillesse, parfois incapables eux-mêmes de trouver un partenaire avec lequel bâtir une relation saine et durable.

MES CONFLITS DE LOYAUTÉ

Bien qu'il semble difficile de généraliser, certains schémas se trouvent fréquemment sous la forme de conflits de loyauté[19]. « Le

---

19. Jean-Marie Lange. *Une introduction à la psychologie relationnelle*, L'harmattan, 2005. Voir le chapitre consacré aux travaux d'Ivan Boszormenyi-Nagy, intitulé *Les loyautés invisibles* (p. 267 et suivantes).

conflit de loyauté peut se définir comme un conflit intrapsychique né de l'impossibilité de choisir entre deux situations possibles, ce choix concernant le plus souvent les sentiments, ou ce que nous croyons en être, envers des personnes qui nous sont chères[20]. »

Concrètement, ce type de conflit s'installe quand, face à une situation nouvelle, des adultes vous poussent, vous l'enfant, à vous positionner directement ou indirectement, à choisir un parent au détriment de l'autre, qu'il dénigre et dont il vous coupe ou dont vous vous coupez vous-même, par loyauté pour le premier parent. Vous héritez alors d'une responsabilité disproportionnée, comme s'il vous était demandé de devenir le parent de vos parents.

Dès lors et par la suite, quand le parent concerné se montre exigeant, despotique et critique, vous le protégez : « Il ne fait pas exprès, il ne s'en rend pas compte, il a beaucoup souffert, il faut le comprendre. » Au fond de vous, vous le jugez terriblement abusif. Quand vous avez été désignée pour le servir, pour être « de son côté » (alors que, vous le savez, il préfère votre sœur), vous vous demandez toujours s'il finira par reconnaître la personne dévouée que vous êtes. Et quand vous faites figure de « chouchoute », vous avez peur de vous positionner et de vous faire respecter, car votre chère mère le supporterait pas et serait, selon vous, détruite par vos paroles.

Pour mieux comprendre ce qui se joue, un certain courage et le désir sincère d'aller voir à l'intérieur sans vous voiler la face sont nécessaires. Le cumul de deux ou trois conflits ne relève pas de l'exception, tant les parcours des uns et des autres s'avèrent complexes, souvent plus qu'on ne pourrait l'imaginer.

Faire couple avec un parent, un enfant

Dans ce type de conflit, vous vivez une relation quasi incestuelle avec un parent ou avec le couple parental. L'incestuel, selon Paul Racamier[21], se définit comme « une relation extrême-

20. Magda Heireman. *Du côté de chez soi. La thérapie contextuelle d'Ivan Boszorme-nyi-Nagy*, ESF Éditeur, 1998.
21. Paul Racamier. *Le génie des origines*, Payot, 2005.

ment étroite, indissoluble, entre deux personnes que pourrait unir un inceste et qui cependant ne l'accomplissent pas, mais qui s'en donnent l'équivalent sous une forme apparemment banale et bénigne ».

Puisqu'un couple est déjà constitué (entre le parent et vous), il ne reste pas de place pour un tiers. Vos histoires démarrent généralement sous la forme de « liaisons dangereuses classiques » ou d'une provocation à l'égard des parents : « Je choisis un profil inacceptable pour mon entourage, de façon à subir une pression qui m'empêchera d'avancer avec cet homme. » Ce phénomène concerne, entre autres, de nombreuses femmes célibataires qui ont parfois vécu en couple durant leurs études. Depuis, elles cumulent les échecs affectifs sans se poser de questions. Un matin, leur horloge biologique les réveille d'une sonnerie stridente. Le seuil, différent pour chacune, varie en fonction des cultures, du milieu social, et peut se manifester à 28 ans comme à 40 ans.

Il existe tant de cas de figures, tant d'expressions différentes de ces conflits que j'ai préféré narrer quelques tranches de vie issues de la réalité : les détails ont été changés pour respecter l'anonymat des personnages. Parfois caricaturales, toujours emblématiques, elles reflètent une partie de la réalité des êtres que je croise, elles éveilleront, je l'espère, des échos en vous.

J'ai souvent entendu parler de mères qui se gargarisaient des amours de leur fille et vivaient leur idylle par procuration. Passée la phase d'excitation liée à la progression de la relation, elles prenaient tout autant de plaisir à consoler leur progéniture une fois le félon disparu, qu'il fût rejeté ou fuyard. Pendant ces discussions sont apparues quelques « Folcoches[22] », des mères perverses dénuées de bonté, avec des pierres et des crapauds qui sortaient de leurs bouches quand elles s'adressaient à leurs enfants, à leur fille en particulier.

J'ai aussi rencontré des pères odieux, qui insultaient leur « princesse » ou la dévalorisaient pour ne pas abuser d'elle ; des

---

22. Mère méchante du roman d'Hervé Bazin, *Vipère au poing*.

pères tyranniques qui décidaient de tout pour leur grande gigue de 35 ans ; des pères inexistants, contrôlés par leur épouse… Bref, les préférences amoureuses de cette gent féminine semblent indissociables d'un contexte familial, d'une interaction, et reposent sur une attente extrême de part et d'autre. Au final, une culpabilité impressionnante confine les humains en couple ou en quête d'amour dans des rôles qu'ils n'ont pas choisis et dont ils ignorent comment sortir[23]. Observez les quelques conflits de loyauté décrits ci-après et voyez si vous vous y retrouvez.

Commençons avec l'histoire de Sabrina.

Sabrina, 31 ans, croyait qu'elle avait coupé le cordon. À 28 ans, elle avait enfin réussi à quitter le domicile maternel grâce à une colocation avec une femme, aussi intrusive à son égard que l'était sa mère. Dans un sursaut d'indépendance, elle change de colocataire. Maman a demandé le divorce quand Sabrina, l'aînée de ses enfants, avait 6 ans. À 18 ans, son cadet prend un logement de fonction en tant que pompier, puis achète une maison en banlieue et demande sa mutation à 800 kilomètres dès qu'il le peut. Sabrina a été élevée avec une perception paradoxale de l'image de l'homme. À la fois prince charmant (sa mère l'a attendu longtemps pour elle-même) et perfide, mais toujours dans la nuance, il n'apparaissait jamais comme un vulgaire salaud. Elle était devenue la confidente de sa mère, une amie de substitution et vice-versa. Une relation fusionnelle, manipulatrice puisque, selon Sabrina : « Elle arrivait à ses fins en me culpabilisant, sous couvert de son amour étouffant et de son côté mère poule. Je n'ai pas fait ma crise d'adolescence… » Elles fréquentaient ensemble des groupes de méditation.

Sabrina a une vision hautement spirituelle de la relation amoureuse et bassement lubrique de la sexualité. Elle est sortie avec un « cas d'école », un « pervers, jaloux maladif, paranoïaque et radin » qui l'empêchait de regarder les hommes dans la rue et qui la déva-

---

23. Sarah Sérievic. *Rompre avec nos rôles,* Le Souffle d'Or, 2007.

lorisait. Par la suite, elle rencontra un Indien dans le cadre de vacances éco-solidaires (une relation longue à distance qui a eu l'avantage de l'éveiller sensuellement). Puis une brochette de séducteurs l'ont tenue en haleine sans s'engager. Pour elle, aimer et être aimée reviendrait à trahir sa mère, qui l'appelle plusieurs fois par jour. Du temps, pas si lointain, de leur cohabitation, elle vivait beaucoup à travers Sabrina, et tentait de faire la même chose avec son fils et sa belle-fille, avec moins de succès... Depuis le départ de Sabrina, elle a reconstruit un cercle amical petit à petit. Malgré cela, par loyauté, Sabrina s'interdit toute rencontre, craignant d'établir une relation réciproque et potentiellement durable.

Quand les parents vivent longtemps, d'autres cas de figure se présentent.

Le bâton de vieillesse

Ce phénomène, encore plus marquant dans le cas d'un enfant unique et d'autant plus fréquent que la durée de vie augmente, se dessine souvent dans l'enfance. Au même titre que, jadis, chaque famille produisait un futur curé et désignait un des rejetons pour s'occuper des parents en fin de vie. Pour autant, une nouvelle catégorie (plutôt composée de femmes) émerge. La fratrie habite loin ; elles essaient de demeurer à proximité pour porter assistance aux aînés. Parfois, une aide à domicile, un frère, les assistent mollement mais, la plupart du temps, elles s'organisent seules. Par conséquent, les divorcées, ficelées par un emploi du temps complexe, ne trouvent pas de disponibilité pour construire un nouveau couple. Le parent concerné, la mère généralement, critique son comportement : elle ne vient pas assez souvent, pas autant qu'il ou elle le voudrait. Parfois le parent joue la victime : « Je t'empêche de (re)faire ta vie, je suis un poids, etc. » Certains de leurs enfants appellent l'hospice chaque jour pour savoir si un décès, survenu durant la nuit, aurait libéré une place.

Les liens qui se sont tissés durant l'enfance entre le futur « bâton de vieillesse » et les parents sont significatifs dans ce type de scénario, une fois que les parents atteignent un âge avancé et même, parfois, après leur décès. Nous le verrons dans quelques-uns des témoignages qui suivent.

Chantal a 63 ans. Veuve depuis dix ans, elle se demande pourquoi elle est attirée principalement par des hommes mariés. Dans un premier temps, elle comprend que sa loyauté envers son défunt mari l'empêche de se donner l'autorisation d'aimer à nouveau. Puis, elle réalise que sa place d'aînée dans la fratrie l'a condamnée : sa mère a toujours compté sur elle ! Même quand la cadette propose de faire les courses, la reine mère refuse et attend sa chère Chantal. Flattée, cette dernière réalise qu'elle rend visite à maman une à deux fois par jour. Elle coiffe sa casquette de taxi, d'infirmière, d'animatrice pour la semaine et le week-end. Peut-être, au début, a-t-elle eu besoin de quelques années pour faire le deuil de son défunt mari. Tout de même, si le grisonnant ténébreux de la fête des anciens au village n'avait pas été en main, elle en aurait volontiers fait son quatre-heures quotidien.

Les parents se reposent souvent sur l'aînée ou sur la petite dernière. Toutefois, comme il n'existe pas vraiment de règle en la matière, les circonstances de la vie peuvent vous amener à occuper une place qui ne vous revenait pas forcément, particulièrement après le départ, au sens propre ou au sens figuré, de celui ou celle à qui cette place était initialement destinée.

Anne-Sophie, 38 ans, vit dans un coquet deux-pièces qui appartient à ses géniteurs. Bardée de diplômes commerciaux, elle choisit de devenir infirmière. Son père, médecin à la retraite, voit son rêve se réaliser : sa fille suit ses traces. Mais les parents, en mauvaise santé malgré une petite soixantaine, déménagent et quitte le sud de la France qu'ils avaient rejoint pour profiter de leur retraite. Ils viennent d'acheter un appartement situé à dix minutes de chez la si dévouée jeune femme. Sa mère lui a déjà expliqué par où passer pour s'arrêter chez eux en rentrant de l'hôpital.

Tous les fiancés d'Anne-Sophie ont été éconduits. En effet, ses parents considéraient qu'ils n'avaient pas atteint un niveau social suffisant. Et quand elle leur a présenté le gendre idéal, un chirurgien, pour leur faire plaisir, elle a compris qu'elle se programmait pour un enterrement de première classe. Il faut voir néanmoins avec quel empressement, quelle jubilation, ses parents l'ont aidée à déménager et lui ont fourni un appartement clé en main quand elle leur a annoncé l'annulation du mariage.

Pour couronner le tout, le jour où elle leur a demandé de ne plus surveiller ses comptes bancaires (elle avait 26 ans), elle a été placée d'office en hôpital psychiatrique pour maniaco-dépression. Après quelques mois de traitement lourd, il a été décidé qu'elle était guérie et la question n'a plus été abordée. Depuis, Anne-Sophie craint de s'opposer à ses parents.

Enfin, en plus d'incarner la poupée, le jouet de ce couple toxique et inconscient, Anne-Sophie cumule un autre conflit de loyauté à l'égard de sa mère : elle est à ses yeux le vilain petit canard. Généralement, le vilain petit canard a pour fonction de rassurer tout le monde dans la famille, réaliser les rêves de ses parents, et décharger ses frères et sœurs du poids de leur propre culpabilité en la portant à leur place.

La naissance d'Anne-Sophie a provoqué des complications hémorragiques chez sa mère. Il lui a été fortement conseillé de ne pas donner la vie à nouveau, au risque d'en mourir. Bizarrement, la jeune femme évoque la jalousie de sa mère, qui vient de subir un nouveau lifting, s'empare de ses vêtements, les porte et passe son temps à la critiquer. Double contrainte pour Anne-Sophie : « J'ai empêché ma mère de donner à nouveau la vie. Puis-je devenir mère à mon tour sans la rendre malade d'envie ? Et puis, déjà que maman aimerait être « à ma place », je ne vais pas en plus trouver l'âme sœur et être heureuse ! Le supporterait-elle ? Après tout, mon père et elle font corps pour me protéger. Rester leur petite fille, n'est-ce pas assurer la pérennité de leur couple ? Elle n'a que moi, ils n'ont que moi ! Comment feraient-ils sans leur bâton de vieillesse ? »

Se sentir responsable du décès ou du handicap d'un membre de la famille

Aurélie, 22 ans, une aînée, n'a jamais fréquenté un garçon, hormis quelques baisers langoureux à la fin de fêtes bien arrosées. Elle a honte de son désert affectif ; toutes ses amies ne parlent pratiquement que de «ça». Étudiante, elle vit à l'étranger.

C'est l'été. Elle a 3 ans. Son frère, 15 mois, laissé sans surveillance par la babysitter, pousse la barrière qui ferme l'enclos de la piscine, avance, tombe et se noie. Les parents occultent ce drame, qui devient un tabou. Personne ne songe à répéter à Aurélie qu'elle n'y est pour rien. Quatre ans plus tard, presque jour pour jour, la fillette se promène sur un chemin privé, franchit une barrière et tombe dans le lit d'une rivière presque asséchée. Elle se blesse gravement au visage et passe trois années à se voir «dégoûtante» dans le regard des passants. Après moult chirurgies, elle retrouve une bouille charmante. Non seulement elle continue à penser qu'elle suscite le «dégoût» comme aux temps difficiles, mais elle se sent coupable ; son petit frère est décédé : sûrement, elle aurait pu intervenir, empêcher l'accident. Elle, elle vit, elle poursuit des études… De quel droit serait-elle heureuse en amour ? Le décès n'a pas été reconnu symboliquement ; il n'existe pas, donc son frère n'a pas existé. Le désert affectif de la jeune fille fait office de loyauté à l'égard de ce dernier : il maintient le lien avec son frère.

Viviane, première-née, se débrouille bien dans la vie, surtout professionnellement. Mais à 45 ans, elle n'a rien construit. Son enfance a été fortement marquée par la poliomyélite de son petit frère, une forme grave. La santé de l'enfant exigeait donc beaucoup d'attention. Viviane, responsable, a pris en charge son environnement : son entreprise, sa famille, les hommes, etc. Elle, qui avait la chance de marcher, n'allait pas de plus exiger de vivre heureuse en amour ! De surcroît, toutes ces responsabilités nécessitent une immense disponibilité, pas toujours compatible avec une vie de famille.

Viviane s'est construite, a construit toute sa vie, en fonction de la maladie de son frère.

Dans d'autres familles, le cadre de l'histoire peut être différent. Le frère ou la sœur se suicide, est atteint de trisomie, de maniaco-dépression, d'une maladie auto-immune, ou est victime d'un accident provoquant une paraplégie, mais celle qui va bien en paie toujours le prix, d'une manière ou d'une autre. Ou, plus exactement, elle se sent obligée d'en payer le prix par culpabilité inconsciente. Très souvent dans ces situations, la personne « vaillante » est confrontée à deux scénarios. Soit elle s'éloigne, très jeune, le plus loin possible et organise sa vie « contre », dans une colère refoulée ou exprimée (« Il n'y en a que pour l'autre ! »). Soit elle se sacrifie par loyauté, et son offrande, qui la dépasse, consiste à pulvériser toute occasion de vie affective. La position de repli, de protection ne correspond pas vraiment à un scénario, mais plus subtilement à une recherche de sécurité affective, une sorte de blocage pour s'assurer qu'il ne se passera rien, ni en mal ni en bien, de façon à éviter toute prise de risque.

Rembourser les dettes des générations précédentes

Géraldine, qui nous parlait de son fantôme dans la partie 1, est une aînée de 34 ans. Sa vie amoureuse est un fiasco. Elle a connu trois hommes, a vécu avec eux et s'est même fiancée. Seulement, ils étaient violents, alcooliques ou infidèles. Chaque fois, elle les a quittés pour se protéger. Elle a toujours tout laissé : les meubles, la vaisselle, les appareils électroménagers. La dernière fois, alors qu'elle avait financé la moitié de l'achat de l'appartement, elle a laissé sa part, tant son futur mari l'effrayait.

Son teint très clair, ses grands yeux verts et son nom de famille français ne révèlent pas l'origine kabyle de sa mère. De surcroît, on lui a toujours interdit d'en parler : c'était un secret. Sa grand-mère maternelle divorce durant les années 1950. Elle quitte l'Algérie et devient « belle de jour » pour élever sa progéniture. Sa mère, directrice de crèche, passe ses nuits en galante compagnie : ses amants lui offrent de jolis vêtements. Sa mère lui a dit : « C'est grâce à mon allure que j'ai pu séduire ton père, un directeur d'usine. Ne le lui dis jamais, n'en parle ni à ton frère ni à ta sœur, cela reste entre nous. »

Aujourd'hui, Géraldine, directrice du marketing d'une multinationale, s'interroge sur son dernier amant. Il vit chez ses parents, paie une grosse pension à la mère de son fils. Il lui demande de l'aider financièrement tout en lui expliquant que jamais elle ne rencontrera un homme de sa qualité. Quelle dette rembourse-t-elle, par l'entremise de ce qu'elle a laissé au fil des années à ses anciens partenaires et de ce qu'elle donnera à celui qu'elle s'apprête à entretenir?

Gérer la double contrainte[24]

Mounia, Marocaine née en France, se comporte comme les Marseillaises de sa génération. Elle danse en boîte de nuit, passe son bac et s'habille à la mode. Seulement, elle a promis à sa mère (qui ne lui demandait rien «officiellement») de réaliser son rêve d'avoir un gendre et des petits-enfants totalement marocains. Elle est la première et la seule de la fratrie à épouser un Français d'origine marocaine, à l'âge de 20 ans. Les six autres sont mariés, respectivement, à des Français, une Anglaise et un Hollandais, tous de souche. Au moment de l'engagement, alors qu'elle souhaitait poursuivre ses études, son futur époux lui dit: «Si tu passes le concours de professeurs des écoles, je demande le divorce.» Mounia l'aime, elle obéit.

Les années défilent. Mounia veut profiter de la vie avant d'enfanter à 30 ans. Fatiguée d'attendre son mari durant de longues journées, elle réalise qu'elle a besoin d'un projet. Son mari insiste pour devenir père, elle freine des quatre fers, mue par son instinct. Elle tombe enceinte et avorte sans lui en parler. Elle passe le concours en secret, l'obtient. Comme il l'avait annoncé, son mari demande le divorce. Lors de la séparation des biens, il argumente et pinaille sur tous les objets. Elle lui dit: «Si tu n'as personne dans ta vie, tu prends ce que tu veux.» Il jure que c'est le cas et, six mois plus tard, se remarie avec une jeune Marocaine de 20 ans qui sera enceinte dans la foulée.

24. Gregory Bateson. *Vers une écologie de l'esprit*, Seuil, 1977.

Pour Mounia, son mari l'a trahie et lui a menti. Dès qu'il a connu le résultat du concours, il a fomenté une contre-attaque : il est parti à la recherche de sa prochaine conjointe. Et pour récupérer la plupart des meubles, il a caché son existence à Mounia.

Elle ne veut plus rencontrer de Marocain (elle a trop de mauvais souvenirs), mais si elle épousait un Français de souche, elle trahirait sa mère. Et elle s'étonne de rencontrer des hommes qui se présentent comme disponibles mais se révèlent, en définitive, être déjà en couple.

Se montrer solidaire

Mélanie et sa cadette, **Ingrid,** adoraient leur père. Un jour, il est parti, et sa nouvelle compagne a œuvré pour qu'il ne voie plus les prunelles de ses yeux. La mère des jeunes filles a alterné des périodes de dépression. Lorsqu'elle allait mieux, elle critiquait les hommes en général, son ex-mari en particulier. Les sœurs, qui se pensent rejetées par leur père, se sont rapprochées de leur mère et l'ont soutenue dans sa déprime. À respectivement 34 et 32 ans, elles sont inséparables, s'appellent deux fois par jour et passent leurs week-ends ensemble. Personne dans leur environnement ne conçoit Mélanie sans Ingrid et Ingrid sans Mélanie. D'ailleurs, elles ne sortent jamais avec un homme en même temps. Chacune attend que l'autre ait terminé son histoire pour flirter à son tour (toujours avec des amoureux peu motivés).

Les sœurettes ne réparent-elles pas à leur manière leur mère bafouée ? L'image des hommes, transmise par cette dernière, et le comportement de leur père ne les incitent-elles pas à rester en dehors de l'amour, car aimer signifie être trahie et rejetée, puis sombrer dans la déprime ?

Parfois, papa (ou maman) était ouvrier et, malgré des années d'études, vous avez épousé un ouvrier par loyauté envers votre parent. Vous le quittez parce que le décalage s'accentue ; cependant vous éprouvez un sentiment de trahison à l'égard du parent concerné. Saborder les unions suivantes vous permet de vivre à demi : vous vous éprenez, mais aucune liaison ne dure…

Et du côté des hommes ?

Sébastien, très joli garçon de 32 ans, fils unique, a été le soleil de sa mère, son mari de substitut. Il a passé beaucoup de temps en sa compagnie ; son père travaillait beaucoup. Depuis le décès de ce dernier quand il avait 21 ans, il s'est encore rapproché de maman. Il a des aventures très ponctuellement. Il sait que quelque chose ne tourne pas rond dans ce lien. Son psy lui a conseillé de demander sa mutation, mais il reste paralysé. Elle est tellement formidable et, surtout, elle n'a que lui ; elle serait tellement malheureuse s'il en aimait une autre !

Olivier, 43 ans, est né une dizaine d'années après sa sœur. Autant dire qu'il a été élevé comme un enfant unique. Très proche de sa mère, il lui rend visite chaque jour. À l'âge de 20 ans, il rencontre sa future épouse. Sa mère tombe gravement malade. Trois ans plus tard, elle décède et laisse le mot suivant : « Je meurs seule, comme je l'ai toujours été. » Olivier culpabilise. Pour traverser cette épreuve, il investit intensément sa femme, comme s'il espérait que sa mère « ne soit pas morte pour rien ». Cinq ans après, son épouse le quitte pour partir avec un voisin, prof de gym. Olivier pense n'avoir d'autre issue, pour encaisser le choc, que de devenir prof de gym à son tour, ce qu'il accomplit avec succès. S'il ne récupère pas son ex, le sport redonne du sens à sa vie. Depuis, il s'est fait piéger par une femme qui lui a fait deux enfants dans le dos sans jamais vivre avec lui. Sa quête de l'âme sœur le conduit vers des créatures qui le rejettent, l'instrumentalisent ou se révèlent tellement pathologiques qu'il doit cesser de les voir. En une quinzaine d'années, sa loyauté à sa mère l'a empêché de tomber amoureux et de construire une nouvelle histoire. Dans l'inconscient d'Olivier, ne se serait-elle pas laissée mourir parce qu'il en aimait une autre ? Aimer à nouveau, c'est risquer de « tuer » sa mère une seconde fois et, surtout, de revivre l'abandon, à la fois de la mère et de l'ex.

Si les histoires diffèrent chaque fois, ce type de scénario (et il en existe bien d'autres) se complexifie quand plusieurs conflits cumulent.

POUR NUANCER

Certaines relations ont leur fonction. Elles vous ont appris quelque chose sur vous, qui vous a surprise. Ou, tout simplement, vous avez repris confiance en votre capacité de séduction, vous qui vous estimiez à l'aune du regard cynique et froid de votre ex. Ces liaisons vous ont permis de remettre le pied à l'étrier après une rupture pas toujours facile. Et quand bien même vous vous seriez prise pour Lady Chatterley, avouez que fondre pour un clone de son palefrenier vous a fait du bien; le fils de votre voisine, vingt ans de moins que vous, aussi! Et pendant que vous y êtes, flirter avec le *sex symbol* de votre promo dix ans après ne vous a-t-il pas permis de découvrir la femme fontaine en vous! Alors, quittez la vallée des larmes et rangez votre Cosette d'or dans un placard. Il est temps de faire la part des choses entre ceux avec lesquels vous vous êtes amusée et ceux, bienfaisants, qui vous ont réparée du *bad boy* précédent. Portez un regard positif sur vos amours passées, tirez les enseignements de vos expériences et, désormais, donnez-vous la possibilité d'écrire pour vous-même un futur amoureux et harmonieux.

EN RÉSUMÉ

Pourquoi je n'ai pas (encore) rencontré une âme sœur?

Parce que je suis abonnée aux liaisons dangereuses.
Parce que j'ai besoin d'excitation, sinon je m'ennuie.
Parce que je tombe sur le double de papa, qui me frustre tout autant.
Parce que mon père est l'homme de ma vie.
Parce que je suis le bâton de vieillesse de maman.
Parce que je ne parviens pas à trouver ma place.
Parce que je m'efface devant l'autre.
Parce que je ne serai jamais la chouchoute de personne.
Parce que je suis solidaire de la souffrance de ma mère, de mon père.

Et vous, pourquoi n'avez-vous pas encore rencontré une âme sœur?
Parce que...

QUELQUES PISTES POUR ACCÉLÉRER LE PROCESSUS DE RÉSOLUTION

Je prends des résolutions concrètes et j'entre en action : je demande à mes frères et sœurs de partager avec moi le temps consacré à mon parent âgé, ou je fais venir une aide à domicile.

Je déménage, je change de ville, de métier, (je me rends plus disponible), de look (je sors des sentiers battus et je m'habille en fonction de ma sensibilité et de ma personnalité).

Je définis les profils avec lesquels je ne démarrerai plus de relation : personnes déjà engagées, artistes torturés, *beach boys*, don Juan, partenaires (trop) gentils ou qui ne savent pas ce qu'ils veulent, parents en conflit avec leur ex à propos des enfants, etc.

Je parle à ma famille pour éclaircir certains secrets : enfant illégitime, amant, maîtresse, enfant mort, cause réelle d'un décès, contexte de la rencontre des parents (et non le mythe), etc.

Méthodes thérapeutiques

À ce stade, en plus de continuer à vous connecter à votre corps, en fonction de vos besoins, vous pouvez travailler sur la filiation, le transgénérationnel, les secrets de famille, les deuils non faits. Parallèlement, l'enfant blessé mérite votre intérêt, au même titre qu'une approche gestaltiste.

Dans tous les cas, choisissez des thérapeutes multiformés. Par exemple, psychologie clinique et psychogénéalogie, psychogénéalogie et théâtre, voire une troisième casquette, comme la gestalt ou une approche corporelle.

La psychogénéalogie

« La psychogénéalogie est une théorie développée durant les années 1970 par le professeur Anne Ancelin Schützenberger, selon laquelle les événements, traumatismes, secrets, conflits vécus par les ascendants d'un sujet conditionneraient ses troubles psychologiques, ses maladies, et ses comportements étranges ou inexplicables.

« Pour élaborer cette théorie, Anne Ancelin Schützenberger s'est fondée sur ses propres observations et sur des concepts issus de la psychanalyse, de la psychologie, de la psychothérapie et de la systémique. Aujourd'hui, cette approche a donné lieu à de nombreuses pratiques psychothérapeutiques très différentes, certaines faisant cependant l'objet de vives critiques. »

http://www.psychogenealogie.name/

« Nous avons tous un héritage génétique, bien sûr, mais aussi psychologique. Cet héritage s'exprime à travers l'histoire de notre famille ; nous sommes un des maillons de la chaîne des générations. Même si nous ne connaissons pas tous les personnages de notre arbre généalogique, leur trace subsiste en nous à travers des secrets, des non-dits, des allusions, transmis par nos parents. Ces liens transgénérationnels exercent sur nous une influence qui nous pousse à répéter, que nous le voulions ou non, que nous en soyons conscients ou non, des situations agréables ou des événements douloureux. La psychogénéalogie nous aide à comprendre ce qui nous détermine et nous influence, et nous permet de dénouer les fils tissés dans un passé parfois lointain, de nous libérer de notre destin répétitif et de nos blocages, et de découvrir notre vrai moi. Nos parents eux-mêmes nous élèvent en fonction de la relation qu'ils ont eue avec leurs propres parents et leur fratrie. »

http://www.psychogenealogie.net

Juliette Allais
www.ifrat.fr

Chantal Rialland
http://www.chantalrialland.com/

Nicole Rivière à Paris
Psychogénéalogie – Analyse transgénérationnelle
nicoleriviere@nous.fr

Pour faire tomber les masques, rompre avec vos rôles et faire la paix avec vos fantômes.

Ma préférée : Sarah Sériévic
http://www.sarah-serievic.com/

L'enfant intérieur

L'enfant intérieur est un concept élaboré par le psychiatre et psychologue suisse, Carl Gustav Jung. Il s'agit de la part enfantine vraie et authentique que nous possédons en nous. « Carl Jung l'appelait l'enfant doué : il correspond à cette partie de nous-mêmes qui recèle, en puissance, nos dons innés pour la découverte, l'émerveillement et la création », dit John Bradshaw Malheureusement, en grandissant, nous écoutons de moins en moins notre enfant intérieur. Arrivé à l'âge adulte, le dialogue est souvent rompu. Alors comment faire pour entendre à nouveau cette voix fragile et précieuse ?
http://www.oxygenstage.com/enfantstage.asp

Tours
http://www.aucoeurdusens.fr/dev-perso1.html

Dordogne
http://untempspoursoi.hautetfort.com/

Grenoble
http://www.icfcs.com/main.htm
http://www.coeurdenfant.fr

Région Lyon/sud
http://cheminsverslunite.fr/

Le psychodrame (Moréno), un outil remarquable
http://www.psychodramefrance.com/

Selon le *Dictionnaire international de la psychanalyse,* il s'agit d'une « méthode d'investigation des processus psychiques utilisant la mise en œuvre d'une dramatisation au moyen de scénarios improvisés mis en scène et joués par un groupe de participants[25] ».

Le dialogue intérieur

Selon les fondateurs, Hal et Sidra Stone, le dialogue intérieur est un « outil de communication à la simplicité trompeuse mais au pouvoir puissant ». Thérapie brève et ludique, elle promet une transformation globale de la personne tant sur les plans physique, mental, émotionnel que spirituel.

Son concept : découvrir, expérimenter et intégrer les différentes « sous-personnalités » – aussi appelées « voix » – qui nous habitent. « Nous possédons tous de nombreuses entités intérieures qui ont de bons et de mauvais côtés. Or chacune s'efforce de tirer la couverture à elle pour recueillir notre attention et voir ses besoins satisfaits. Le risque, si nous ne comprenons pas les pressions qu'elles exercent, est de voir la conduite de notre existence nous échapper. Mais en apprenant à les connaître, chacun de nous peut choisir à quel moment quelle partie de nous peut être présente dans nos vies. Un voyage à la découverte de nous-mêmes », précisent les Stone.

Ma préférée : http://www.osiris-conseil.com

Mais aussi :

http://www.dialogueinterieur.fr/

Passer par le clown et aller plus loin :
Clown gestalt

http://clowndesource.free.fr/
http://www.bataclown.com/

---

25. *Dictionnaire international de la psychanalyse,* sous la direction d'Alain de Mijolla, Calmann-Lévy, 2002.

Clown et coach à Paris et en Normandie
www.crizalide.com

Adresses ailleurs qu'en France
Au Québec
Pour une consultation en psychogénéalogie :
http://www.suzannewoods.ca

En Belgique
http://www.psychogenealogie.eu/
http://home.scarlet.be/~pmouchet/enfant.htm

PARTIE 3

Ma résistance et moi,
un couple infernal

Après des mois de jachère, de désert affectif ou même d'une relation compliquée, vous refusez désormais de répéter votre scénario amoureux. Vous voulez vous donner les moyens d'un avenir lumineux et harmonieux. Dans la partie 1, le dernier fantôme qui vous hantait s'est volatilisé. Grâce à la partie 2, vous avez identifié vos mécanismes de répétition, compris que vos anciens partenaires servaient des desseins qui vous échappaient. Au passage, vous avez découvert quelques conflits de loyauté dont vous vous seriez bien passé. À ce stade peu confortable, votre intuition vous souffle que vous devriez passer de l'autre côté. L'autre côté de quoi exactement ? Vous ne le savez pas précisément, mais l'envie d'évoluer, de changer, voire de transcender des peurs s'impose à vous. D'ailleurs, s'agit-il vraiment de changer, ou bien de révéler une partie enfouie de vous ?

Pleine de bonnes résolutions, vous vous préparez à cheminer quand, soudain, vous voilà rattrapée par des barrières que vous avez vous-même mises en place : vos résistances. Au service de vos erreurs de *casting*, la résistance s'organise pour que vous n'alliez surtout pas vérifier à quoi ces dernières correspondent. Si vous réussissez à suivre une piste de résolution, elle se charge immédiatement, avec votre consentement, de vous couper l'herbe sous le pied et de stopper le processus. Éternelle ambivalence entre l'amour et la haine, la vie et la mort, l'ouverture et la crispation ; au fond, votre résistance et vous formez un joli couple.

À preuve, vous n'avez pas toujours conscience des mécanismes de défense mis en place pour vous protéger. Selon Gérard

Carton[26], face à un changement, chaque personne passe par cinq phases, plus ou moins longues et douloureuses selon les cas, mais toutes incontournables : le refus de comprendre, la résistance, la décompensation, la résignation et l'intégration. Les deux premières vous concernent d'autant plus qu'elles vous empêchent d'avancer.

Le refus de comprendre, réaction attribuable au refus de voir sa réalité altérée, n'a aucun rapport avec l'intelligence de l'individu qui l'expérimente. Vous vous bloquez et perdez toute capacité à penser. L'entourage comprend ce qui se joue, mais vous avez l'impression d'entendre parler une langue étrangère. Cette attitude s'accompagne de phrases minimisantes du type : « Tout allait bien à la maison, j'étais placée en famille d'accueil toute l'année et pas mon frère », ou encore : « Mon ex buvait à chaque repas, mais il n'était pas alcoolique, jamais il n'a titubé ou perdu le contrôle de son véhicule. » Face aux objections qui vous sont renvoyées par le thérapeute, vous vous fermez encore plus, au point de vous transformer en mur.

Dans le cadre d'un processus de changement, le refus de comprendre représente l'antichambre de la résistance. Inévitablement, d'autres formes de résistance surgissent, comme la procrastination, la négociation (« Si je fais la moitié du programme, ça ira ? »), l'argumentation, la révolte, le fait d'en faire trop ou pas assez, etc.

C'EST QUOI, LA RÉSISTANCE, ET COMMENT ÇA MARCHE ?

Selon Jung[27], la résistance désigne « le fait de ne pas être ouvert à soi, à sa réalité et à la réalité extérieure. Et finalement de rester en lutte d'abord contre soi-même, mais aussi finalement contre le reste du monde. Il s'agit pour le sujet de rester dans une forme d'aliénation, soit-elle légère, à l'exemple de la névrose ».

---

26. Gérard-Dominique Carton. *Éloge du changement*, Village Mondial, 2007.
27. Carl Gustav Jung. *L'homme et ses symboles*, Robert Laffont, 1992.

En psychanalyse, la résistance s'exprime dans la rupture des chaînes associatives, les retards, la méfiance vis-à-vis du thérapeute, ou encore dans les silences, etc.

Concrètement, la résistance, une force qui s'oppose au mouvement selon la définition du dictionnaire, comporte mille facettes mais ne vise qu'un seul objectif : éviter d'aller à l'essentiel, dans les profondeurs de votre cœur et de votre désir, rester en surface. En d'autres termes, le fait de résister vous permet de protéger le système et les mécanismes que vous avez mis en place. Bien que peu satisfaisants, vous les préservez depuis des années : ils vous rassurent.

Par exemple, quand vous arguez des phobies, angoisses et autres circonstances qui vous emprisonnent et vous empêchent d'avancer, sachez qu'elles correspondent à autant de mécanismes de défense. Elles se sont développées à partir de votre éducation et des liens tissés durant l'enfance, dans la soumission ou dans la rébellion ; vous vous êtes construite du mieux que vous le pouviez.

À l'âge adulte, la résistance sert généralement à maintenir ce climat qui vous a permis de vous structurer[28]. S'en libérer, c'est perdre ses repères. Et pour cause, l'inconnu terrifie d'autant plus qu'il mobilise nombre de projections. De fait, vos peurs se cristallisent dans cet espace intangible et se mobilisent pour vous ôter toute velléité de vous y aventurer.

Dans le domaine affectif, la résistance fait feu de tout bois. Elle se conjugue avec prétextes et procrastination, vous confinant parfois dans des situations bloquées. Plus les obstacles et les soucis de logistique occupent votre quotidien, plus vous vous dispersez, moins vous avez le temps de vous interroger sur ce qui nourrit votre résistance et lui permet de vous dominer.

Voici quelques exemples de ses manifestations.

---

28. Voir les travaux du docteur Ingeborg Bosch, qui s'est fait connaître en proposant une nouvelle approche de la psychothérapie, la Past Reality Integration. Trois ouvrages de cet auteur sont parus aux Éditions de l'Homme : *Vivre pleinement sa vie* (2011), *Illusions* (2008) et *Guérir les traces du passé* (2005).

Les addictions

Jeux vidéo, alcool, drogue, sucreries, films, *chat* ou clavardage, séduction, excès en tous genre, ces dépendances absorbent votre énergie. Vous luttez pour ne pas basculer, puis vous sombrez, et vous prenez le temps de vous en remettre pour trébucher de nouveau. Un cycle infernal qui vous grignote à petit feu : léthargie, incapacité de penser, nettoyage de vos agapes, culpabilité... sans compter les recherches pour tenter d'en sortir, les réunions aux DASA[29], les séances de thérapie, etc. Avec tout cela, croyez-vous que vous serez encore disponible pour le rencontrer ?

La dépression

Entre les médicaments qui vous assomment, les phases maniaques pendant lesquelles vous vous demandez pourquoi le voisin du troisième ne s'est pas encore immolé corps et âme sur l'autel de votre désir, les journées entières de blues à ressasser le passé ou à dormir... Vous n'êtes définitivement pas en état de vous lier. Votre résistance se réjouit ; elle a de la marge avant que vous ne changiez de paysage.

Les phobies et leurs succédanés

Agoraphobie, érotophobie, claustrophobie, nosophobie, troubles obsessionnels compulsifs, peur de prendre la voiture en ville, de vous faire draguer au cours de salsa, de sortir quand il fait trop froid... Complétez cette liste avec les petites et grosses craintes qui vous empoisonnent la vie quotidienne, et observez le nombre de contraintes que vous vous infligez. Souvent, votre phobie sert de prétexte. Derrière votre prétendue timidité, vous avez une peur bleue du contact, de lâcher vos protections, et vous vous accrochez à cette timidité-alibi pour justifier votre solitude.

---

29. Dépendants affectifs et sexuels anonymes. Ces organisations sont présentes en Europe francophone, au Québec, aux États-Unis.

Les complexes

De liposuccion en prothèses mammaires, d'affinement du nez en injections de collagène, de régimes amaigrissants en cures de raisin, votre quête de la perfection du corps vous isole d'un lien sans artifice qui reposerait sur votre authenticité et sur votre capacité à vous abandonner dans les bras d'un homme (voir partie 4). À un moindre niveau, dissimuler vos formes ou vos os sous d'improbables couches de vêtements fluides et disparaître dans votre trou de souris dès que possible vous permet, une fois de plus, de ne pas vous confronter à l'autre.

Le besoin exagéré d'affirmation de soi

Vous faites partie des grandes gueules et vous en êtes fière. Vous avez un avis sur tout. Vous auriez pu être politicienne, syndicaliste, défenseresse des droits de l'homme, critique littéraire ou gastronomique. Finalement, vous êtes rebelle par principe, et votre cause se résume à comment vous faire remarquer ; c'est essentiel pour que vous sentiez que vous existez (voir partie 2). Vous pensez que vous faites peur aux hommes ? Non ! C'est vous qui avez peur d'eux, et votre attitude contribue à les repousser, ce qui vous arrange bien, votre résistance et vous.

D'une manière générale, vous développez, en fonction de votre personnalité et de votre histoire, toutes les stratégies possibles pour vous éviter d'avoir à prendre des risques.

Surmonter la résistance et changer?

AUTODIAGNOSTIC 11

MES RÉSISTANCES PRÉTEXTES

Passez les caractéristiques suivantes en revue, et cochez «oui» à celles qui correspondent à vos comportements. Vous y trouverez certaines des défenses parmi les plus classiques...

	Oui	Non
Les travaux chez moi traînent en longueur et je suis incapable de recevoir des gens à la maison.	❏	❏
Je n'arrive pas à divorcer, car on ne parvient pas à vendre la maison (ou pour une autre raison du même ordre).	❏	❏
Je vis chez mes parents/chez mon ex, faute de moyens de prendre un appartement.	❏	❏
Je dois passer mon permis moto (ou réussir tout autre examen) avant de pouvoir rencontrer un homme.	❏	❏
Je n'entreprends rien tant que je ne sais pas si je vais être mutée.	❏	❏
Je ne prends pas de décision, je laisse traîner les choses.	❏	❏
Si je ne réalise pas mon rituel chaque jour (prière, jogging, coup de fil à ma mère, etc.), je deviens folle.	❏	❏
Je ne peux pas sortir de chez moi si tout n'est pas rangé.	❏	❏
Je ne peux pas aller chercher ne serait-ce qu'une baguette de pain si je ne suis pas parfaitement mise et coiffée.	❏	❏
Si je ne fais pas les choses dans l'ordre (sport le lundi, dîner le mardi, copines le mercredi, etc.), j'ai l'impression de perdre les pédales.	❏	❏

	Oui	Non
Je suis timide, craintive, j'ai peur d'aborder ou de me laisser aborder...	❏	❏
J'ai des ami(e)s malheureux en amour, je suis la permanente du bureau des pleurs et des lamentations.	❏	❏
Je procrastine, je suis toujours dans l'urgence à régler des contingences parce que j'ai pris du retard sur tout.	❏	❏
Si je ne peux me lier, c'est la faute des autres : mes parents, mon ex, la société.	❏	❏
Je saborde mon travail thérapeutique (je change constamment de psy, je quitte le stage, j'annule ma participation la veille).	❏	❏
J'oublie tout, je confonds les dates des rendez-vous avec des hommes.	❏	❏
Je vis au ralenti en espérant que quelque chose se produise.	❏	❏
Je me gargarise de rumeurs sur les échecs des autres, ou j'en fais circuler.	❏	❏
Je refuse les sorties qui pourraient m'ouvrir à autre chose, me permettre de revoir un homme qui me plaît.	❏	❏
Quand par hasard on m'invite à dîner, je joue un rôle qui me nuit, ou je me trompe de prénom quand je m'adresse à un compagnon potentiel.	❏	❏
Je critique ma famille, mes amis, les conférences, les films, les inconnus... Rien ni personne ne trouve grâce à mes yeux.	❏	❏
Je me plains tout le temps.	❏	❏

Mesurez votre opposition sourde à l'aune des énoncés qui s'appliquent à vous. Plus vous avez coché «oui» parmi toutes les propositions énumérées précédemment, plus votre tendance à faire couple avec votre résistance s'affirme. Plus certaines personnes travaillent sur elles, plus elles développent une résistance qui consiste à reconnaître ses résistances sans avancer pour autant. Cette forme de déplacement rappelle celle du peintre qui peint le tableau d'un peintre en train de peindre… En d'autres termes, vous êtes confrontée à une manipulation fine de votre résistance. Elle vous donne bonne conscience, mais rien ne change dans votre vie.

À QUOI ME SERT MA RÉSISTANCE ?

Il existe un parallèle entre la manière dont vous avez négocié les virages délicats de l'enfance et la posture de l'adulte que vous êtes devenue. Les schémas que vous avez reproduits dans vos couples ressemblent étrangement aux méthodes pratiquées par votre résistance pour clouer le bec à vos tentatives d'évasion. Selon les chasseurs de têtes, vous n'auriez qu'un seul comportement. À votre avis, lequel avez-vous mis en place ?

À partir de votre parcours amoureux, observez si les tendances suivantes font écho en vous, et voyez ce qui relie vos frustrations d'enfant à votre résistance.

Prendre sa place

Prendre sa place dans les sociétés occidentales ne semble pas si aisé pour une majorité de femmes : bouleversements du féminisme, inégalités encore flagrantes, difficulté de certains hommes à s'adapter, manque d'ajustement des polarités féminines et masculines à l'intérieur de chacune (voir partie 4), autant de facteurs qui ne facilitent pas le positionnement. Si vous ajoutez votre histoire personnelle à cette réalité, prendre sa juste place dans la relation amoureuse peut devenir un véritable enjeu, surtout si votre environnement familial vous a programmée pour ne pas faire de vagues, ne pas déranger (voir partie 2). En revanche, si un fort besoin de reconnaissance vous anime, vous n'aurez de cesse d'occuper le terrain, avec d'autres répercussions. Que vous vous laissiez envahir ou au contraire que vous vouliez tout contrôler, la résistance détourne ces tendances de votre personnalité (qu'elles soient innées ou acquises) pour obtenir gain de cause.

Dans le cadre d'un travail thérapeutique en groupe, la résistance peut se manifester sous deux formes différentes : s'effacer totalement au profit des autres et vous retrouver à errer au centre de la pièce sans partenaire pour l'exercice proposé, ou, à l'inverse, occuper le terrain avec plus ou moins de nuances, vous jeter sur les personnes qui vous inspirent, quitte à les annexer. La troisième option, naturellement, serait celle du milieu, une attitude juste pour vous. Ne pas prendre votre place, c'est laisser les schémas du passé dominer votre présent et donner du grain à moudre à votre résistance.

La fuite

Les aléas de la relation (disputes, incompréhensions) vous perturbent et réveillent en vous des peurs foudroyantes dont vous ignorez l'origine ? La fuite consiste à quitter les lieux dès que vous vous sentez activée. Enfant, vous mouriez d'inquiétude quand vos parents se querellaient. Vous alliez peut-être vous cacher dans un placard, les mains sur vos oreilles pour ne pas entendre. Au sein du couple, vous vous réfugiez dans la chambre, vous fermez votre téléphone portable, bref, vous vous mettez aux abonnés absents par peur de l'affrontement.

Dans le cadre d'un travail thérapeutique en groupe, la résistance peut se manifester ainsi : Vous ne participez pas à l'exercice proposé ou restez repliée sur vous comme si vous étiez anesthésiée. La résistance se gargarise : vous demeurez à distance de la liberté.

La critique, le jugement

Si les notions suivantes : dévaloriser, comparer, condamner, diffamer (les hommes, les copines, les collègues) vous correspondent, apprenez que ces critiques et jugements vous nuisent. Prise dans votre opération de destruction, vous ne réalisez pas qu'en fait, vous parlez essentiellement de vous et de votre mal-être. Même si vos réflexions s'avéraient fondées, elles signifieraient que vous reprochez à vos interlocuteurs ce que vous ne voulez pas voir en vous-même, en l'occurrence, votre part d'ombre[30]. Dès lors, vous avez le choix de continuer à critiquer, par exemple, votre amie Virginie : « Mais comment peut-elle se permettre de chercher un homme beau, fidèle et intelligent, elle qui est si ordinaire ? » Soit vous vous interrogez : « Pourquoi cette personne, et particulièrement sa démarche, me dérange-t-elle autant ? À quelle partie de moi me renvoie-t-elle ? » Vous découvrirez que, peut-être, vous ne vous autorisez pas de voir entrer un éphèbe dans votre vie et qu'au fond, vous jalousez l'assurance de votre amie. À cet instant, vous avez saisi l'occasion de contacter une de vos ombres : l'envie. Mais derrière se joue encore et toujours votre incapacité à prendre votre place et à vous estimer. En amont du réquisitoire gît une blessure à vif, que la résistance s'empresse de dissimuler à votre conscience. Elle vous préfère dans la dualité des opposés : bien/mal, blanc/noir, amie/ennemie (si un petit chauve bedonnant et âgé, au sourire fourbe, ravissait le cœur de Virginie, cette blonde exigeante et prétentieuse, elle ne vous agacerait plus autant). Chaque fois qu'une personne vous descend en flammes, qu'un homme critique une de ses ex, entendez qu'ils parlent d'eux-mêmes et, surtout, restez attentive à leur plaie intérieure qui suinte au-delà de la fanfaronnade.

En substance, chacun de nous porte un fardeau empli de tout ce qu'il croit ne pas pouvoir être, faire ou exprimer. Son contenu empêche certains de vivre pleinement. D'autres peuvent à peine bouger, tant leur sac est chargé. L'ensemble des héritages qui s'y trouvent, toutes les parts de nous-mêmes que nous avons réprimées, refoulées ou rejetées constituent l'ombre, comme l'a nommée Carl Gustav Jung. Et nous consacrons souvent beaucoup de temps et d'énergie à maintenir ce sac hermétiquement fermé.

---

30. Elie G. Humbert. *L'homme aux prises avec l'inconscient*, Albin Michel, 1994.

« Le point de départ est simple : la plupart des hommes ignorent leur ombre. [...] Le plus souvent elle est projetée dans des troubles somatiques, des obsessions, des fantasmes plus ou moins délirants, ou dans l'entourage. Elle est « les gens », auxquels on prête la bêtise, la cruauté, la couardise qu'il serait tragique de se reconnaître. Elle est tout ce qui déclenche la jalousie, le dégoût, la tendresse[31]. »

Enfant, vous n'aviez déjà pas la langue dans votre poche. Vous semiez la terreur dans la cour de récréation. Un mot de vous, et un camarade tombait en disgrâce. Parfois, vous procédiez de façon plus sournoise. Ou alors, vous avez subi les réprimandes des élèves (ainsi que celles de vos parents) et vous vous rattrapez aujourd'hui, vous vous vengez. Dans la relation, vos propos dévastateurs à l'égard de votre partenaire et de vos ex apparaissent comme castrateurs et susceptibles de repousser les hommes *a priori* motivés.

Dans le cadre d'un travail thérapeutique en groupe, la résistance peut se manifester ainsi : Vous assemblez un clan sur lequel vous régnez par votre sagesse manipulatrice ou votre langue de vipère. À force de déblatérer, vous passez à côté des autres, vous n'apprenez rien sur vous-même, et votre résistance a, une fois de plus, gagné la partie.

Une bonne nouvelle cependant : vous connaissez désormais un indicateur infaillible. Chaque mot de travers vous renvoie en effet au premier accord toltèque[32] : « Que votre parole soit impeccable. » Pourquoi ne pas vous l'approprier ? « Parlez avec intégrité, ne dites que ce que vous pensez. N'utilisez pas la parole contre vous-même, ni pour médire sur autrui. »

De fait, la parole est une énergie : elle ne reste jamais sans effet. Elle est agissante, créatrice, puissante. Belles paroles, parole d'honneur, paroles en l'air, mots qui dépassent la pensée, mâcher ses mots, les chercher, avoir le dernier mot, mot de passe, mot d'esprit,

---

31. Elie G. Humbert. *L'homme aux prises avec l'inconscient*, Albin Michel, 1994.
32. Don Miguel Ruiz. *Les quatre accords toltèques*, Jouvence, 2005.

mots barbelés, gros mots, mots réparateurs, apaisants : un pouvoir fabuleux se cache dans vos propos !

Dès le commencement, comme l'énonce le prologue de l'Évangile de saint Jean, parole et verbe créateur ont été offerts. L'auriez-vous oublié ? Pourtant, la parole prononcée à haute voix libère une force incommensurable. Elle détient le pouvoir d'accomplissement de chacun de vos vœux. C'est elle qui forge, au jour le jour, les événements quotidiens ; d'où l'intérêt d'apprendre à contrôler les phrases que vous prononcez pour apporter de plus en plus de « béné-dictions » dans notre vie, et pour en effacer les « malédictions ». Il en va de même pour chacune de vos pensées, véritables paroles muettes. Le langage fait tant partie de votre quotidien que, sans y prêter attention, vous donnez sans cesse à votre subconscient des ordres dont vous ne voudriez sous aucun prétexte, si vous les entendiez.

Et si vous commenciez par faire très attention à chaque affirmation émise ? « C'est l'accord le plus important et le plus difficile à honorer », affirme don Miguel, pour qui ce seul accord conclu avec soi-même permet de transcender sa vie actuelle et de connaître le paradis sur terre. Quel magnifique chemin à emprunter pour avancer, et pour se demander si nos récriminations ne seraient pas liées, entre autres, par la colère.

La colère

Les personnes qui maugréent tout le temps grondent en fait contre une injustice du passé que réveille une situation du présent. Leur blessure se manifeste lors d'une « remémoration ». Explorer la grammaire de vos émotions[33] vous aiderait à en retrouver la source, l'origine. La première question à vous poser lorsque vous sentez la moutarde vous monter au nez, c'est : « Contre qui suis-je réellement en colère ? À quelle scène du passé me renvoie cette situation ? » Une fois le lien établi, l'indignation retombe comme un soufflé. Malheureusement, la plupart des individus, dépassés

---

33. Isabelle Filliozat. *L'intelligence du cœur*, Jean-Claude Lattès, 1997.

par une extrême sensibilité, restent à la surface de leur fureur, pour le plus grand bonheur de leur résistance.

Enfant, vous avez vite compris que, face au chouchou bien docile, seules vos colères attiraient l'attention sur vous. Aujourd'hui, dans la relation, vous piquez des crises ou vous boudez (version sournoise), ce qui vous permet de prendre le pouvoir.

Dans le cadre d'un travail thérapeutique en groupe, la résistance peut se manifester sous la forme d'une rage qui vous anime. Elle vous empêche de profiter de l'enseignement, d'aller voir ce qui se cache derrière tant de réaction. Et Miss Résistance se pâme.

Le sabotage ou l'opposition sourde

C'est si facile pour vous! Vous connaissez exactement le mot, la phrase, la façon de vous habiller, d'annuler un rendez-vous important, de vous saouler, qui déclenche la fureur de votre environnement. C'est un peu comme si vous laissiez négligemment tomber une peau de banane par terre et que vous le regardiez glisser dessus.

Enfant, pour obtenir de l'attention, vous faisiez exactement le contraire de ce qu'auraient souhaité vos parents. Dans cette logique, vous avez consciencieusement critiqué le fils de votre ex-compagnon. Le jour où il vous a dit: «Si tu me demandes de choisir entre lui et moi, je choisirai mon fils», vous avez continué jusqu'à la rupture, alors que vous saviez exactement comment vous comporter pour rester avec le papa.

Dans le cadre d'un travail en groupe sur vous, la résistance peut se manifester ainsi: vous refusez de suivre les consignes ou vous faites semblant de les effectuer pour que le thérapeute ne s'en aperçoive pas. Vous jubilez secrètement: vous avez gagné! Vous ne réalisez pas que vous projetez sur le psy votre mère, votre père ou toute personne qui représentait l'autorité autrefois, et que, loin de le fâcher, vous saccagez, une fois de plus, une occasion de traverser vos peurs.

VOUS SABORDEZ-VOUS ?

Les configurations citées dans le cadre de cet autodiagnostic peuvent paraître caricaturales. Détrompez-vous! Lorsque vous êtes troublée, vous pouvez, contre toute attente, agir d'une manière totalement irrationnelle, et votre résistance frétille de joie.

Passez vos comportements en revue. Ensuite, lisez les énoncés suivants et cochez «oui» à ceux qui y correspondent.

Sabordage?

	Oui	Non
Avant		
Je pose un lapin au type super que je viens de rencontrer parce que j'ai perdu son numéro de téléphone ou que J'ai inversé les jours entre lundi et mardi.	❏	❏
J'arrive avec 45 minutes de retard, en sueur, et je me confonds en excuses pendant une heure.	❏	❏
C'est un *blind date.* J'y vais sans me soucier outre mesure de mon apparence, le cheveu limite gras. Manque de chance: le sosie de James Bond débarque!	❏	❏
Pendant		
J'énumère par le menu détail la longue brochette de mes ex ou celle des hommes déjà rencontrés sur le site, par exemple, avant lui.	❏	❏
Je lui explique que demain, j'ai rendez-vous avec Pablo, après-demain, avec Olivier et dimanche, avec Philippe.	❏	❏
J'évoque avec conviction la fortune de mon ex-mari et les talents érotiques de mon dernier amant.	❏	❏
Je ne lui en laisse pas placer une.	❏	❏
Je susurre d'une voix ingénue, prétendant faire de l'humour: «On ne dira pas aux enfants comment on s'est rencontrés...»	❏	❏

	Oui	Non
Je plagie Cosette, lui racontant tous mes malheurs.	❏	❏
Je le fais hurler de rire en expliquant comment j'ai trompé mon ex avec son meilleur ami sans qu'il s'en aperçoive.	❏	❏
Je critique mes ex.	❏	❏
Je siffle pour appeler le serveur, j'éructe plus de jurons en une soirée que pendant les trois dernières années.	❏	❏
Je mate avec gourmandise le beau mec de la table d'à côté.	❏	❏

Avec le téléphone

	Oui	Non
Pendant le rendez-vous, je réponds fébrilement aux textos du *bad boy* qui hante encore mes rêves.	❏	❏
Je m'absente pour répondre à un coup de fil.	❏	❏
Je glousse avec ma copine en parlant de lui et en le regardant comme un objet.	❏	❏
Je reste 20 minutes au téléphone avec mon patron en lui lançant des clins d'œil régulièrement.	❏	❏
Je fais mon intéressante et je la joue *executive woman* sur le ton: «Allo New York, ici Tokyo! Vendez!»	❏	❏

En fin de soirée...

	Oui	Non
Je balance ma carte de crédit avec fierté et je paie l'addition comme un homme.	❏	❏
Je disparais aux toilettes 20 minutes à la fin du repas pour lui laisser largement le temps de payer, au cas où il n'aurait pas compris.	❏	❏
Je l'invite à boire un dernier verre chez moi, au milieu des photos de mon ex qui trônent dans le salon.	❏	❏
Je vomis partout, de préférence sur lui ou dans sa voiture.	❏	❏

	Oui	Non
Avant de le violer, je minaude : « C'est la première fois que je dors avec un inconnu le premier soir ! »	❏	❏
Je couche avec lui et je crâne : « Toi et moi, c'est juste pour ce soir », en pensant le contraire.	❏	❏

La liste n'est pas exhaustive et, même si vous n'expérimentiez qu'une seule de ces attitudes, bien que tout dépende évidemment de la personnalité de votre prétendant, elle pourrait fort bien se révéler funeste.

Il existe toutefois un degré de résistance bien supérieur constitué par…

Le monde des illusions ou la recherche du moi impossible

Pour la plupart, il existe un cheminement qui passe par la connaissance de soi et aboutit inéluctablement à un espace magique appelé selon les approches « mon moi véritable », « qui je suis vraiment ? », « mon identité profonde », voire « mon intériorité ». L'ego ou « moi je » symbolise probablement l'illusion par essence. La croyance qu'une personne stable et rassurante, que vous situez quelque part vers l'intérieur de vous, ne demande qu'à émerger vous emprisonne.

Or, selon le philosophe français Fabrice Midal, le « moi » ou « ego », tel que le nomment les approches orientales, n'existe pas. Par conséquent, vous ne le trouverez pas ! Vous recherchez sans cesse une sécurité qui vous donnerait l'accès à ce moi (« Je suis arrivée au bout de mon voyage, je suis moi, enfin ! »), qui vous permettrait de vous saisir complètement de vous-même. En réalité, vous vous coupez de la possibilité d'advenir à quelque chose qui serait proprement vous-même, qui serait tout sauf un « moi ». La sécurité recherchée ne peut ni s'acheter ni être accordée, malgré le règne du consumérisme dans lequel nous sommes si profondément pris et qui se manifeste sous un triple visage : le consumérisme du corps (nous consommons des biens matériels sans jamais obtenir satisfaction ou satiété), celui de la parole (nous sommes avides d'idées nouvelles, de concepts, d'idéologies qui confortent nos croyances et notre impression d'être « *in* ») et celui de l'esprit (nous recherchons à tout prix à vivre des expériences spirituelles qui, croyons-nous, nous rendront supérieurs en nous élevant dans un monde idéal). Aucune de ces quêtes ne vous apportera un véritable sentiment de paix. Pour cette raison, la psychologie a de très beaux jours devant elle. Tous veulent savoir ce qu'est leur moi, sans jamais parvenir à le découvrir.

L'ego, tel Gargantua, se nourrit de désirs (être reconnu, exister) et de plaisirs pulsionnels. Face aux êtres en général et aux hommes en particulier, votre ego vous pousse à privilégier les attractions (« J'aime, il me plaît »), la possession (« Je le veux ou je meurs »), la répulsion ou le rejet (« Berk, il est nul »). Il déteste les situations ingrates qui suscitent votre indifférence (« Pas de temps à perdre avec des types qui ne m'intéressent pas ! »). Les luttes auxquelles se livre l'ego pour parvenir à ses fins (privilégier l'agréable et éviter ce qui lui est désagréable) vous font adopter des stratégies complexes qui ne peuvent mener qu'à la frustration et à la colère.

Quelques attitudes et comportements générés par l'ego (et très nutritifs pour la résistance !) se dégagent de nombreuses situations. Par ordre de montée en puissance, on trouve ainsi, au bas de l'échelle…

L'irresponsabilité

Synonyme d'inconscience, de peur, l'irresponsabilité n'a pas d'âge, même si elle concerne plus souvent la jeune génération, faute de maturité. Coincée entre la bêtise et le manque de réflexion, l'irresponsabilité relève parfois d'une anesthésie des ressentis qui donne l'impression que la personne ne comprend pas.

Vouloir et obtenir, agir sans réfléchir, suivre ses envies, ne pas se remettre en cause, consommer, oublier, recommencer… Les personnes irresponsables ne s'interrogent que le jour où elles vivent un drame.

Dès lors, leur résistance se déploie dans d'autres directions pour continuer le travail de sape, et plus particulièrement à travers…

La manipulation des faits

Votre témoignage à propos de Sylvain qui vient de vous quitter donne l'étrange impression que vous parlez d'un inconnu. Quand vous évoquez les trois années passées ensemble, vous le traitez de «pauvre type» parce que vous ne comprenez pas le pourquoi de cette séparation. Vous oubliez qu'il vous a draguée alors que vous sortiez avec Antoine. Certes, vous l'avez éconduit et il a attendu deux ans, le temps que vous rompiez, pour revenir à la charge. Déroulez la bobine du film… Aujourd'hui, vous partez parce qu'il vous trompe avec une femme mariée. Celle-ci a même lancé sa procédure de divorce (ce que vous avez refusé de faire lorsqu'il vous a approchée la toute première fois). Toutefois, s'il était un joueur invétéré dont vous payiez les dettes, le scénario resterait identique («J'ai pioché le mauvais numéro!»); seul le décor changerait. Pour autant, vous omettriez de préciser que vous l'aviez rencontré au casino!

Dans notre premier exemple, au lieu de Sylvain traiter de Casanova à la petite semaine, observez deux faits. D'abord, il semble attiré par des situations triangulaires, soit par des femmes déjà engagées. Ensuite, quelle part de responsabilité prenez-vous quand vous acceptez de sortir avec un homme qui cristallise sur le chiffre trois? Quelle que soit la cause de la rupture, vous réécrivez l'histoire de votre point de vue. À aucun moment vous ne vous mettez en cause: l'autre est forcément responsable, et votre résistance ronronne.

Les croyances

Un peu plus haut dans la hiérarchie, les croyances facilitent considérablement le travail de la résistance. Il suffit à cette dernière de vous égrener quelques idées reçues dont elle vous persuade, et vous tombez dans ses minables pièges sans discuter.

Voici quelques exemples sur le thème suivant : « C'est dangereux de… »

- rencontrer un inconnu dans un café ;
- aller sur un site de rencontres ;
- voyager seule ;
- rentrer en banlieue après 21 h ;
- s'attacher, s'engager ;
- sortir avec un homme comme ceci, pas assez cela,…

« Je suis trop limitée, trop grande, trop petite, etc. » Parallèlement, « les hommes sont menteurs, lâches, immatures, infidèles, obsédés par le sexe ou pas assez ». À force de ruminer ces pensées, vous allez devenir une petite chose misérable qui reste enfermée chez elle parce que les hommes sont des pourceaux émasculés et que, bien sûr, « il n'y en a pas un pour rattraper l'autre ! ».

Toutefois, le summum de la résistance se cristallise à travers…

Le pays des fées

Il était une fois, au pays des fées, trois sœurs sensibles et intelligentes qui n'avaient pas eu de chance dans leur vie amoureuse. L'aînée s'appelait **Sacrificia**. Les partenaires qui avaient traversé sa route s'étaient révélés alcooliques, caractériels, volages, ou encore il s'était agi de demi-portions soumises à leur mère et à leur patron. Au milieu de ce salmigondis de perdants, un gentil garçon fiable et loyal, mais tellement prévisible qu'il en était ennuyeux, avait réussi une percée ponctuelle. N'oublions pas qu'il y avait aussi eu l'amant, *latin lover*, *bad boy*, bref, un homme mystérieux, irrésistible. Il n'avait fait que passer, mais elle songeait en permanence à son retour.

La deuxième des sœurs, **Zénituda,** avait traversé quelques aventures sans lendemain, une rupture après des années de vie commune et une grande passion. Sa vision éthérée de la relation (un mélange de romance hollywoodienne, de poésie et de spiritualité) la poussait à s'élever haut, si haut qu'elle était devenue inaccessible, enfermée dans son fantasme mystique.

La dernière, **Illusia,** la plus fleur bleue des trois, loin d'être farouche, couchait chaque semaine avec un garçon différent. Quand elle le rencontrait, elle projetait sur lui son film favori : une bluette à l'érotisme sucré mise en scène par David Hamilton et interprétée par Jonathan Rhys Meyers, Jude Law, George Clooney ou Robert Redford. Seulement, au bout de quelques jours, elle mesurait le décalage entre l'original et le substitut décevant qui se tenait devant elle. Alors, elle le quittait en espérant qu'elle ne serait pas déçue par le prochain.

MON MENSONGE PERSONNEL

Vous l'avez compris, dans la résistance version «pays des fées», vous vous racontez une fable qui vous évite de voir la réalité. Ou alors, vous la réécrivez et vous justifiez des faits inacceptables parce que l'évidence vous insupporte. La vie, vous la rêvez en rose, et pas autrement ! Par conséquent, la fausse histoire que vous vous racontez quant à vos relations amoureuses correspond à un mensonge personnel. Le mensonge personnel représente une décision ou une certitude négative à propos de vous-même, une pensée que vous mettez toujours en avant, à laquelle vous adhérez fortement, en bref, la croyance négative la plus importante et la plus fondamentale qui régit votre vie relationnelle.

Méthode pour identifier votre mensonge personnel

Établissez la liste de vos dix croyances négatives à propos de votre avenir affectif, compte tenu de vos relations passées. Classez-les de la moins importante en apparence à la plus essentielle, selon vos critères. Puis, comparez-les et conservez les trois qui vous semblent les plus déterminantes. Sélectionnez-en une et réécrivez-la plus clairement.

Exemple de Séverine

Phase 1 :
- Je n'attire que des hommes mariés.
- Les hommes me quittent.

- Quand ils sont libres, ils sont encore amoureux de leur ex.
- Je donne beaucoup pour recevoir peu.
- Les hommes me dévalorisent ou ils m'emprisonnent dans une cage dorée.
- Je ne suis pas à la hauteur de leurs exigences.
- J'ai peur de me faire manipuler.
- J'ai tellement souffert que je suis sur la défensive.
- J'ai peur de ne pas lui plaire physiquement.
- Pour garder un homme, j'en bave.

Phase 2 : Après avoir fait le tri, elle retient trois propositions :
- Je donne beaucoup pour recevoir peu.
- Pour garder un homme, j'en bave.
- Les hommes me quittent.

Séverine se souvient que petite, quand elle n'exécutait pas à la perfection les injonctions maternelles, elle était systématiquement sanctionnée. Elle devait donc «en faire beaucoup» et cela n'était jamais assez. Son enfance fut un long combat contre un dragon insatiable qu'elle s'efforçait de satisfaire.

Phase 3 : Elle choisit la première des trois propositions et la reformule ainsi : «Je paie très cher pour recevoir moins que le minimum syndical de l'affection!»

Elle aurait pu écrire aussi : «J'ai peur d'être quittée, alors je donne beaucoup pour recevoir peu, quitte à en baver.»

Dès lors, Séverine se remémore ses amants tendres et réalise qu'elle s'est toujours mise en quatre pour eux, que l'idylle ait duré trois mois ou dix ans. Elle se chargeait de la partie «administrative» de la relation. Non seulement elle organisait tout, mais elle réfléchissait en permanence à ce qu'elle allait inventer pour leur faire plaisir. Cette attitude lui paraissait d'autant plus naturelle qu'elle avait été programmée par sa mère pour devancer les désirs de l'autre et les exécuter à la perfection sans attendre rien en retour, encore moins des remerciements. Ils en profitaient, assurément. Elle se sentait frustrée mais, comme elle ne comprenait pas ce qui se jouait, elle en faisait encore plus ; en d'autres termes, elle accentuait sa tendance naturelle. Plus elle serait gentille, disponible et corvéable, songeait-elle, plus ils l'aimeraient. De fait, l'inverse se produisait : plus elle les servait, plus ils la méprisaient, la trompaient ou refusaient de s'engager avec elle au-delà de ce qui les arrangeait. Et, six mois après la rupture, ils convolaient avec une autre !

Désormais instruite de ses tendances, Séverine décide de changer. Elle dresse une liste des attitudes spontanées, apprises dans l'enfance, qu'elle répétait à chaque relation, et elle s'interdit de les reproduire. Déjà, elle ne se déplace plus. Ils viennent dans son quartier. Ensuite, elle ne paie plus l'addition la première fois, elle ne monte pas boire un dernier verre. Enfin, elle attend qu'ils proposent un second rendez-vous. Par la suite, elle sait déjà qu'elle ne fera jamais leur ménage, les courses et la cuisine.

AUTODIAGNOSTIC 13

QUEL EST MON MENSONGE PERSONNEL ?

Rappel : Votre mensonge personnel correspond à la croyance négative la plus importante et la plus fondamentale qui régit votre vie relationnelle.

Prenez votre cahier. Sur une page vierge, écrivez et complétez la phrase : « Si je reconnaissais mon véritable mensonge personnel, ce serait… »

Exemple : « Je n'ai pas ma place, je suis trop ceci, pas assez cela. »

Pour vous aider, posez-vous des questions à partir de vos trois dernières croyances. Dans l'exemple de Séverine, cela donnerait :

Si je remplace l'homme par ma mère ou mon père, est-ce que mes croyances me parlent davantage ?

Qui m'en a fait baver ?

Avec qui j'ai beaucoup donné, qui m'a quittée ?

Puis l'inverse :

À qui j'en ai fait baver ?

Qui m'a beaucoup (trop) donné ?

Dans tous les cas, si vous prenez le temps de vous détendre et de laisser monter les souvenirs, une anecdote vous reviendra qui vous permettra d'établir le lien entre vos relations familiales et vos choix amoureux, comme dans la partie 2.

Explication : « Pourquoi j'ai du mal à trouver ma place ? »

Dans la vie, vous avez du mal à vous positionner. Vous en faites trop, ou encore vous vous dissimulez de peur de vous faire remarquer. Dans votre enfance, c'était pareil, surtout que vous étiez la quatrième fille et que vos parents espéraient un garçon. Derrière l'affirmation issue de votre réalité, cherchez la pensée racine, et votre véritable mensonge personnel devient : « Je ne suis pas désirée en tant que fille, je ne serai jamais à la hauteur. »

Si vous considérez que vous n'êtes pas « à la hauteur », vous allez créer cette réalité par vos attitudes, par exemple en vous présentant comme « juste assez bien » pour la situation.

Maintenant, inversez la proposition. Le contraire de votre mensonge personnel serait : « Je suis aimable en tant que femme pour ce que je suis », ou « Je suis une fille à la hauteur et je peux réaliser mon rêve. » Pour vous en convaincre, écrivez dix fois : « Moi, [votre prénom], je suis aimable en tant que fille, en tant que femme, pour ce que je suis. »

Tordre le cou à de vieilles croyances ancrées dans l'inconscient collectif

Avant d'aller plus loin, concluons sur le thème du changement en général.

LES 9 MYTHES DU CHANGEMENT[34] ONT LA VIE DURE.

1. Nous sommes impuissants face aux événements. Il n'y a qu'une chose à faire : s'adapter, suivre le courant.
   Traduction : Quoi que je fasse, rien ne changera, alors je reste chez moi et tant mieux s'il sonne à la porte !

2. Le moment venu, un ange gardien viendra nous sauver en nous tirant du mauvais pas où nous aurons été entraînés.
   Traduction : Un jour, mon prince viendra et personne n'en reviendra !

3. Nous avons bien mérité ce qui nous arrive : c'est le prix à payer pour nos actions passées... et surtout pour ce que nous aurions dû faire et n'avons pas fait.
   Traduction : C'est bien fait pour moi, maintenant je continue en serrant les dents. Et pas question de plaisir ou de bonheur !

4 L'aide des autres nous est indispensable pour nous en sortir. Sans eux, nous sommes perdus.
   Traduction : Un jour, mon prince viendra (bis). J'attendrai le jour et la nuit...
   Variante : Sans toi, je ne suis rien.

5. Le changement se produira de manière automatique, nous ne pouvons ni l'empêcher ni le provoquer.
   Traduction : Je ne cherche pas, je trouve ! (Ah, oui ? Et vous trouvez quoi ?)

6. Le changement nécessite toujours une longue et pénible préparation.
   Traduction : Je dois en baver, ce sera le parcours du combattant, sinon, ça ne fonctionnera pas.

---

34. Selon le terme employé par William J. Knauss, psychologue américain.

7. Le futur porte l'empreinte indélébile du passé : ce qui arrivera demain est entièrement déterminé par ce qui est arrivé hier.

   Traduction : Je n'ai jamais rencontré que des ploucs, je rencontrerai des ploucs, c'est mon destin !

8. La routine, les habitudes, les conditionnements constituent un obstacle infranchissable.

   Traduction : Je suis trop accoutumée à mon célibat pour laver les chaussettes d'un homme. Jamais plus je ne pourrai dormir avec quelqu'un. J'ai pris des habitudes de vieille fille.

9. À partir d'un certain âge, on ne peut plus changer.

   Traduction : Quel bon prétexte pour rester chez moi tranquillement. Pourtant, des couples se créent bien au-delà de 70 ans. Seul l'état d'esprit et l'énergie vont déterminer les possibilités de chacun.

CONTRÔLER OU LÂCHER PRISE ?

Pour Freud, un des éléments clés d'un traitement réussi consistait à amener la personne à devenir plus consciente de sa résistance. Plus vous luttez contre elle, plus vous la renforcez. Réagir lui donne de la consistance. Au contraire, observez-la tranquillement, prenez du recul, et vous l'affaiblirez. Observer vous permet de décider (ou pas) de vous positionner à partir de votre discernement, de votre ressenti, et non sur une impulsion réactive. Pour avancer, vous devrez affronter votre peur et votre culpabilité, vénérées par la résistance. Vous ne pouvez pas les ignorer, encore moins les nier ; vous devez les admettre, les accepter. Comment transformer quelque chose que vous niez ou dont vous ne voyez pas l'existence ?

L'erreur la plus répandue consiste à croire que l'issue ou la réponse se trouve à l'extérieur de vous-même. Or, votre identité profonde, votre vérité se cache au-delà de votre résistance, à l'intérieur de vous. Sortez de la rébellion (« Je t'aurai, je serai la plus forte ! ») ou de la soumission (« Je n'y arrive pas, je ne comprends pas… »). Soyez compréhensive avec vous-même, pas permissive.

Soyez comme avec un enfant, et prenez garde à ne pas développer encore plus de résistance. Adoptez une posture d'observateur[35] : observer, à partir de cet espace enfoui en vous, cette part de vous qui veut la paix et l'harmonie ; observer, donc, vous permet de sortir littéralement la tête de vos émotions, de les regarder tranquillement avec douceur et philosophie, pour vous-même. Tout à coup, les tensions se relâchent, ce qui vous autorise l'accès à vos ressources ; vous êtes désormais libre de choisir, d'expérimenter et de découvrir ce qui se manifeste : vous sortez instantanément du rôle de victime et de sa souffrance.

Dans un atelier de développement personnel, au détour des circonstances de la vie, lorsqu'il vous est proposé d'expérimenter un exercice, de prendre un risque, souvent vient spontanément cette réponse : « Non ! » Demandez-vous alors si vous vous trouvez face à une résistance (blocage, angoisse, peur) ou si votre refus est juste et fondé. Malheureusement, la plupart du temps, vous faites un amalgame des deux, vous vous persuadez vous-même de la véracité et du bien-fondé de vos raisons, et vous vous cabrez.

Au fond, cela renvoie à la notion de « lâcher prise » qui fourmille dans les guides de développement personnel[36]. Vous y trouverez moult informations sur le sujet, ainsi que des conseils pratiques et efficaces du type : « Cultivez une vision positive de vous-même, ne restez pas enchaînée au passé, etc. »

Ce type de conseils, essentiels, n'excluent en aucun cas la remise en cause. Alors, pourquoi avez-vous encore tant de mal à lâcher prise dans les situations amoureuses, celles précisément où le fait de s'abandonner à l'autre aurait du sens ? De fait, lâcher prise implique que vous renonciez à une attitude ou à un comportement qui, jusque-là, vous protégeait. Demandez-vous alors de

---

35. Thierry Janssen. *Le travail d'une vie*, Marabout, 2008.
36. Quelques exemples de ces ouvrages : Viktor Frankl. *Découvrir un sens à sa vie*, Éditions de l'Homme, 1996. Rosette Poletti et Barbara Dobbs. *Accepter ce qui est*, Jouvence, 2005. Guy Finley. *Lâcher prise. La clé de la transformation intérieure*, Éditions de l'Homme, 2003.

quoi vous devez faire le deuil, et à qui vous feriez de la peine si vous étiez heureuse en amour[37].

Une partie de la réponse réside au cours de vos conflits de loyauté. Ainsi, cesser de vous protéger permettrait à un homme d'entrer durablement dans votre vie. Votre bonheur récent dérangerait votre ex, vos enfants, des membres de votre famille de fait ou dans votre imaginaire. Vous seriez moins disponible pour votre environnement. En d'autres termes, c'est essentiellement la culpabilité qui vous empêche de lâcher prise, d'autant plus qu'enfant, vos parents vous disaient: «Ne pleure pas, ne crie pas, tais-toi! Contrôle-toi, tu dis n'importe quoi, sois sage, ne nous déçois pas, fais pas ci, obéis, fais-moi plaisir, fais-le pour moi, sois une gentille petite fille», etc.

Si vous cumulez l'éventuelle rigidité d'une éducation, les manques affectifs de la prime jeunesse, les drames de l'histoire familiale et de la vie, les errances de la puberté, des années de travail sur soi, passionnantes certes, mais qui n'ont pas produit les évolutions escomptées (vous êtes réconciliée avec votre mère, mais toujours en colère contre votre ex ou votre père), honnêtement, n'avez-vous pas l'impression de vous cacher derrière la souffrance pour ne pas aller à l'essentiel?

Votre «mental[38]», en d'autres termes la somme de vos résistances, se mobilise pour continuer à souffrir: c'est confortable, il connaît! Par conséquent, élaborer le passé, sentir à quel point vous y êtes encore attachée et avec quelle loyauté, comprendre quels ont été vos modèles, repérer répétitions et autres allégeances s'avère indispensable pour traverser le mur des peurs. Par bonheur, en tant qu'adulte, vous avez la possibilité et la force de construire un nouveau futur, qui sera différent de celui que vous vous êtes programmé à partir des défenses de l'enfance. Paradoxalement, une fois identifiée et connue, la blessure n'a plus

---

37. Bénédicte Ann. *Le prochain, c'est le bon !*, Albin Michel, 2011.
38. Le mental: Ensemble des pensées, émotions, jugements, comparaisons, réactions (colère, jalousie, etc.) qui nous empêchent d'être dans le présent. Comme une machine, le mental ne s'arrête jamais, un avantage pour la vie matérielle, un inconvénient quand il s'agit de se poser et d'accueillir une âme sœur.

guère d'importance. Ce qui compte, c'est la créativité dont vous allez faire preuve pour la dépasser. Il s'agit de mourir aux couches qui vous empêchent d'être. Vous pensez avoir compris et pouvoir faire l'économie du travail? Savoir ne suffira pas. Seule l'expérience que vous avez besoin de vivre et de pratiquer à chaque instant permet de changer. Votre «mental», insatiable, croit que parce que vous avez expérimenté et dépassé vos peurs une fois, vous pouvez vous reposer. Non! Il faut encore et toujours s'y exercer!

Si, chaque fois que vous contactez votre abîme intérieur, vous vous fermez, vous fuyez ou vous réagissez, vous vous éloignez de la vie. D'aucunes s'accrochent à la psychologie, au spirituel, pour éviter d'avoir à s'en approcher. Déjà, votre «mental» réagit, et vous vous dites en ce moment: «C'est compliqué, c'est difficile! Comment vais-je faire?» En réalité, ce que vous avez à faire n'est ni facile ni difficile: c'est! Il suffit de le faire. Si c'est difficile, vous ne le faites pas. Naturellement, cela devient difficile, puisque vous ne le faites pas!

Vous aimeriez que la souffrance s'en aille dès qu'elle survient. Or, il s'agit de mourir dans le présent, là, tout de suite, de sentir la tristesse, l'abandon, et de maintenir et de respirer en restant dans cette présence à vous-même. «Je suis là! Je suis là!... » devriez-vous scander inlassablement, tandis que les idées passent. Si une partie de vous reste attachée au passé, comme une complaisance mortifère qui cherche à souffrir encore et encore, il ne vous reste qu'à revenir au présent et à vous demander: «Ici et maintenant, de quoi ai-je besoin pour respirer?» De rien, sinon de respirer! Une fois encore, vous avez le choix! Vous pouvez sentir la plaie à vif et choisir de vous ouvrir, utiliser l'énergie sombre de votre complaisance pour être créative dans votre présence et dans ce que vous avez à vivre au jour le jour.

Mourez à vos habitudes néfastes, renaissez au présent, mourez à votre mental, revenez ici, ici et maintenant. Ouvrez-vous, ouvrez votre thorax, respirez à travers les contrariétés qui vous assaillent. La vie est une offrande et vous êtes à son service. Offrez vos plus (votre sentiment de supériorité) et vos moins (vous valez plus que la piètre estime de vous-même qui est la vôtre à l'instant). Soit le geôlier des résistances vous domine, soit il devient un outil pour vous, car vous avez autorité sur lui. Vous avez le choix, dans la mesure où le remède se situe à l'intérieur de vous !

Dans cette perspective, devenir spectateur de vos états d'âme, savoir s'arrêter quelques instants, respirer hors de tout jugement nous conduit à l'essence même de la méditation.

JE PASSE DE LA CRISPATION À L'OUVERTURE

Pour Fabrice Midal[39], bouddhiste et philosophe, rechercher des consolations, s'enfermer dans l'égoïsme spirituel ou se perdre dans le culte du bien-être vous éloigne du chemin à suivre. Rester enfermée dans une tour d'ivoire ne vous protégera pas des souffrances et des déceptions. La liberté est un risque : celui d'être soi, d'aimer sans mesure et d'inventer son existence indépendamment des sentiers déjà connus. Pour cela, il préconise d'ouvrir les yeux sur la fragilité de notre être, sur notre part d'ombre et sur celle de notre temps, pour connaître la vraie joie.

Comme vous l'avez compris tout au long des pages précédentes, la crispation, ou fermeture, symbolise la voie du confort, de la sécurité, de l'obscurité et de la nécrose. L'ouverture effraie par la lumière qu'elle distille. Elle provoque, inquiète, mais c'est elle qui éveille. Jean-Paul II n'a-t-il pas dit : « N'ayez pas peur[40] ! » ?

Le Bardo Thodol[41] décrit l'expérience que l'on a dans les états de doute, de vacillement, de confusion, d'incertitude où l'occasion d'un renouveau se présente. Dans ces états intermédiaires, l'esprit a alors le choix entre crispation et ouverture. Ces brèches se proposent à nous tout au long de l'existence, tous les jours. C'est pourquoi Chögyam Trungpa[42] préférait le nommer le *Livre tibétain*

---

39. Fabrice Midal. *Risquer la liberté*, Seuil, 2009.
40. « N'ayez pas peur ! Ouvrez, ouvrez toutes grandes les portes au Christ. À sa puissance salvatrice, ouvrez les frontières des États, des systèmes politiques et économiques, les immenses domaines de la culture, de la civilisation et du développement ». Discours prononcé le 22 octobre 1978.
41. Padmasambhava. *Le livre des morts tibétains*, Buchet-Chastel, 2009.
42. Fabrice Midal. *Chögyam Trungpa, une révolution bouddhiste*, Éditions du Grand Est, 2007.

de la naissance. Intéressons-nous à l'enfer, un des états intermédiaires dans lesquels l'individu peut séjourner brièvement ou s'enliser durablement, et adaptons-le à notre point de vue.

L'enfer ou la haine de l'homme. Dans ce monde de rage, de colère, d'agression profonde et intense, de confusion, vous avez l'impression que l'environnement, et plus précisément les hommes, vous agressent. Vous avez raison d'être en colère, puisque la situation l'impose. Vous ne faites que répondre à leur médiocrité quand ils refusent de s'engager, ne savent pas ce qu'ils veulent, vous manipulent (l'enfer brûlant!). Et quand ils se comportent avec distance et mépris parce qu'en un coup d'œil ils ont jugé que vous n'atteigniez pas le quart de leur standard esthétique, vous tutoyez l'enfer glacé, constitué de froideur et d'orgueil. Pour sortir de l'enfer, il est indispensable de réussir à discriminer, à percevoir les contrastes. C'est précisément à ce moment-là que vous devez choisir de vous ouvrir pour ne pas rester l'enlisement de vos jugements.

Au cas où vous ne l'auriez pas encore compris, si vous refermez le présent ouvrage sans rien changer, donnez-vous rendez-vous dans un an: vous serez probablement exactement au même point qu'en cet instant, sauf que vous aurez vécu quelques aventures de plus.

Acceptez-le une bonne fois pour toutes: le partenaire idéal ne sonnera pas à votre porte un beau matin de printemps, il ne ressemblera pas à celui que vous imaginez, il ne vous proposera pas forcément la vie dont vous auriez rêvé, mais il émettra sur la même fréquence que vous, il vous respectera, sera attentif à vos besoins et à ceux de votre couple. Il vous touchera par sa vulnérabilité, par sa force et par son envie d'avancer.

POUR NUANCER

À l'issue de cette lecture, vous êtes peut-être parvenue à la conclusion que, finalement, vous vous sentez vraiment bien avec vos chiens, vos chats et le perroquet! Au moins, la situation est claire: votre vie vous convient.

Dans cette logique, et particulièrement si vous n'hébergez pas d'animaux domestiques, une rébellion sourde pourrait monter en vous. Vous ne comprenez pas : votre résistance et vous formez un beau couple, vous vous entendez fort bien et vous tenez à le dire ! Pour rien au monde vous ne vous en sépareriez. Vous seriez bien trop malheureuse.

En définitive, vous avez raison ! Après tout, si votre résistance vous structure (vous avez appris à l'apprécier au fil du temps), restez ensemble et cohabitez dans la bienveillance. Peut-être que dans quelque temps, vous envisagerez de prendre un peu de recul toutes les deux, mais pour le moment, profitez de cette entente… à condition de ne pas être dupe.

Rappelez-vous : c'est vous qui décidez de vous ouvrir ou de vous crisper, d'agir ou pas, d'aimer ou pas. À cet égard, si le terme « résistance » ne vous convient pas, pourquoi ne pas changer de point de vue et reconsidérer la proposition ? Dans cette perspective, il s'agirait d'effectuer une conversion, c'est-à-dire une transformation intérieure, au sens où la philosophie antique l'entendait : renaître, changer de vie et, dans le même temps, revenir à la source, aux origines. Pierre Hadot[43] évoquait « un mode de vie, un art de vivre, une manière d'être et non une théorie ou un pur discours philosophique ». Vous êtes libre de vous transformer, de réinterpréter votre passé et votre avenir.

Parallèlement, cette transformation résulterait d'une invasion de forces extérieures, divines ou liées à des contraintes. Ainsi, si votre envie de maternité se heurte à un conflit de loyauté, la contrainte de l'âge va soudain vous propulser vers une évolution. Plus simplement, le souhait d'une vie différente peut aussi inspirer votre métamorphose. Dans tous les cas, pour Catherine Chalier[44], le phénomène de la conversion se comprend uniquement à partir du désir de recommencer. La conversion, loin de signifier un changement de vie vers le plaisir, le

---

43. Pierre Hadot. *La philosophie comme manière de vivre*, Poche, 2003.
44. Catherine Chalier. *Le désir de conversion*, Seuil, 2011.

bonheur ou la sérénité, répondrait à un appel. L'appel à la conversion serait l'ouverture à une inquiétude au fait de « se savoir infiniment responsable » d'un engagement dans et par l'amour pour le monde. La philosophie propose un autre chemin pour dire oui à la vie !

EN RÉSUMÉ

Pourquoi je n'ai pas (encore) rencontré une âme sœur ?

Parce que j'ai besoin de tout contrôler.
Parce que j'occupe l'espace pour exister.
Parce que je me saborde, au cas où ça pourrait marcher.
Parce que je (me) raconte des histoires.
Parce que mon bénéfice caché est plus important que mon envie de changer.
Parce que je ne parviens pas à m'ouvrir.
Parce que je préfère répéter que de prendre un risque.

Et vous, pourquoi n'avez-vous pas encore rencontré une âme sœur ?
Parce que…

QUELQUES PISTES ET EXERCICES POUR ACCÉLÉRER LE PROCESSUS DE RÉSOLUTION

Écrivez une petite synthèse de cette partie.

Décrivez dans le détail vos états d'ouverture et de crispation, en vous fondant sur les ressentis que vous avez dégagés durant les autodiagnostics 9 et 10. Au cours de ces deux exercices, vous avez indiqué vos ressentis corporels face aux situations frustrantes ou gratifiantes vécues avec vos partenaires (9) et avec vos parents (10). Vous avez établi un lien entre les comportements des uns (vos parents) et ceux des autres (votre ou vos ex). Puis, vous avez défini ce qui se passait (ou se passe encore) dans votre corps chaque fois que vous y êtes confrontée. Vous avez nommé vos ressentis positifs (sensations apaisantes, nourrissantes, joyeuses) et leur expression dans le corps (respiration fluide, impression de ne faire qu'un avec l'environnement), puis vos ressentis négatifs (sensations désa-gréables, insatisfaction, mécontentement) et leur expression dans le corps (gorge nouée, respiration coupée, cœur dans un étau).

Chaque fois que vous basculez dans la frustration, reprenez les deux tableaux et revoyez vos réactions, afin de vous reconnecter à la posture d'ouverture.

Exemple : Complétez la phrase qui commence par : Quand je suis dans l'ouverture...

Une fois définie la notion d'ouverture telle qu'elle vous convient, il ne vous reste plus qu'à raconter l'historique de vos résistances : Depuis quand font-elles partie de vous, quelle forme ont-elles prise, comment les supportez-vous : vous fuyez, vous affrontez ou vous pratiquez la politique de l'autruche ? Quelles sont les défenses mises en place pour y arriver ?

Pour chaque manifestation de la résistance, adoptez votre posture d'ouverture.

Paradoxalement, et contrairement aux autres formes de résistance, si les croyances sapent toute velléité de transgression, tout espoir de vivre autre chose, elles s'inversent facilement, à condition de le décider. Alors, qu'attendez-vous pour transformer votre regard sur le sexe opposé ?

Transformation de mes croyances sur les hommes

Écrivez tout ce que vous croyez sur les hommes, particulièrement les éléments négatifs : ils sont méchants, radins, pressés, lubriques, etc. Par exemple : Victoire pense qu'ils sont lâches et faibles (comme son père).

Puis, faites la même chose avec la relation homme-femme. Par exemple : Selon Victoire, l'amour après 40 ans, c'est fini, et les hommes ne peuvent que vous tromper avec des femmes beaucoup plus jeunes. Selon Audrey, les copains et le boulot passent avant tout, etc.

Allez au bout de votre liste, sortez toutes vos croyances. Vous risquez d'être étonnée. Puis, quand vous aurez terminé, sur une autre feuille, renversez chaque proposition par une formule positive.

Victoire inscrira donc : « Les hommes sont fiables, fidèles, loyaux, responsables et tiennent leurs engagements. J'aime et je suis aimée, durablement, par un quadra de ma génération. »

Rappelez-vous : Si vous ne croyez pas mériter l'amour, qui y croira pour vous ?

D'autres idées...
- Planifiez les actions d'ouverture que vous allez mettre en place.
- Dansez l'ouverture. Prenez deux ou trois longs foulards légers, mettez de la musique et dansez les bras ouverts, écartés, à votre rythme. Effectuez des mouvements amples, souples, qui maintiennent votre cage thoracique dans la plus grande ouverture possible.

Les thérapies, approches, ateliers qui aident à avancer

Si la psychothérapie et la psychanalyse permettent d'identifier les résistances, elles vous aideront à comprendre ce qui se joue et pourquoi, mais rien ne changera automatiquement dans votre vie.

Privilégiez les approches psychocorporelles Entreprenez une thérapie avec un somato-thérapeute, une à deux fois par mois.

Puis, à partir de stages ou de séances réguliers, traquez les résistances par d'autres biais.

La grammaire des émotions avec Isabelle Filliozat ou son équipe de formatrices.
http://www.filliozat.net/ecole/animatrices.php

La PRI (Past Reality Integration)

http://www.pastrealityintegration.com/fr

La PRI nous apprend à se libérer de l'emprise des illusions et comportements destructifs comme la peur, la déprime, le stress, la colère et les dépendances. La PRI les considère comme des défenses qui servent de protection contre la douleur du passé. Avec la PRI, vous apprenez à avoir conscience de ces défenses, à reconnaître à quel moment vous êtes prise dans leur piège et comment les démanteler. Ainsi, vous vivrez de plus en plus dans le présent et apprendrez à être toujours plus équilibrée et aimante dans la vie.

À pratiquer avec Ingeborg Bosch elle-même, avec ses thérapeutes ou en autocoaching.

Pour dénouer les traumatismes, une méthode très efficace avec des praticiens en Europe francophone:

http://www.guerirletrauma.com/

Mon préféré: Michel Schittecatte.

EMDR

http://www.emdr-france.org/

La thérapie EMDR est une nouvelle approche de psychothérapie qui utilise la stimulation sensorielle des deux côtés du corps, soit par le mouvement des yeux, soit par des stimuli auditifs ou cutanés, pour induire une résolution rapide des symptômes liés à des événements du passé. Cette thérapie poursuit le mouvement de recherche clinique et de soins inaugurés par la psychanalyse, la thérapie cognitive comportementale, les traitements par exposition, la médecine humaniste, les thérapies systémiques et les psychothérapies brèves centrées sur la personne.

À Toulouse, ma préférée: Isabelle Meignant.

Au Québec

http://www.emdrcanada.org/fr/accueil.aspx

En cas d'abus, de viol, de maltraitance, adressez-vous aux unités post-traumatiques des hôpitaux, constituées d'équipes remarquables.

Quelques stages qui font avancer, surtout en résidentiel
www.carmenetmichel.com
http://www.arnaud-riou.com/

Le Travail de l'ombre
http://www.schattenarbeit.de/travaildelombre.html
Le Travail de l'ombre, développé par deux Américains, Cliff Barry et Mary Ellen Whalen, est une méthode de travail sur sa propre personnalité, fondée sur les travaux du psychanalyste Carl G. Jung. Ils se sont inspirés, entre autres, du livre de Robert Moore et Douglas Gillette, *King, Warrior, Magician, Lover*, de la méthode du Dialogue intérieur créée par les psychologues Hal et Sidra Stone, ainsi que de la gestalt-thérapie.

Le Travail de l'ombre nous permet de reprendre la maîtrise des parties de nous-mêmes nous contrôlant actuellement. C'est un moyen de découvrir les croyances que nous portons en nous, et ainsi de voir les limitations qu'elles nous imposent, peut-être même depuis notre plus tendre enfance.

Travailler son ombre, c'est accepter le défi d'affronter ce qui a été jadis refoulé et qui n'a donc pas pu être vécu, dans un but précis : celui de découvrir la pépite d'or cachée à l'intérieur de cette ombre, pour pouvoir accéder à nouveau à l'énergie qui y est contenue.

Byron Katie
http://www.thework.com/francais/letravail.asp

Les accords toltèques
À faire chez soi ou avec un facilitateur :
Une autre façon de contourner les résistances, efficace si vous les suivez fidèlement.

1 - Que votre parole soit impeccable

- Parlez avec intégrité, ne dites que ce que vous pensez.
- N'utilisez pas la parole contre vous-même, ni pour médire d'autrui.

2 - Quoi qu'il arrive, n'en faites jamais une affaire personnelle

- Ce que les autres disent et font n'est qu'une projection de leur propre réalité, de leur rêve.
- Lorsque vous êtes immunisé contre cela, vous n'êtes plus victime de souffrances inutiles.

3 - Ne faites aucune supposition

- Ayez le courage de poser des questions et d'exprimer vos vrais désirs.
- Communiquez clairement avec les autres pour éviter tristesse, malentendus et drames.
- À lui seul, cet accord peut transformer votre vie.

4 - Faites toujours de votre mieux

- Votre « mieux » change d'instant en instant.
- Quelles que soient les circonstances, faites simplement de votre mieux et vous éviterez de vous juger, de vous culpabiliser et d'avoir des regrets.

Extrait des *Quatre accords toltèques*, Don Miguel Ruiz, Éditions Jouvence, 2005.
http://www.cercledevie.com
http://www.cohessence.com/index.asp?id=472

En France, en Belgique et en Suisse
http://www.dondupardon.fr/

En Belgique
http://www.emdr-belgium.be/

En Suisse
http://www.espacecoquelicot.ch/eme—etre-maicirctre-de-ses-emotions.html
http://www.emdr-schweiz.ch/fr/050_fachverband/index.asp

Les approches chrétiennes
Un homme formidable, Jacques Poujol :
http://www.relation-aide.com/
http://agape.imadiff.net/agape/index.html

Au Québec
http://www.centredepriserealliance.org/qui.html

En Belgique
Quelques jours de retraite dans le prieuré de Gabriel Ringlet, que du bonheur !
http://www.leprieure.be/

Et la philosophie
Une réflexion sur la relation au carrefour de la philosophie, de la psychanalyse, de la science initiatique et de la spiritualité.
http://www.arouna.com/accueil.php
http://lavoiedelamoureux.com

PARTIE 4

Je me (re)fais une santé
et je rencontre l'âme sœur

Vous avez traversé les trois premières parties de ce livre la tête haute. Félicitations! Vous amorcez maintenant la dernière ligne droite, qui vous semble peut-être plus facile que les étapes précédentes. Ne vous y trompez pas! Pour que prises de conscience et résolutions génèrent une histoire d'amour durable, vous devrez les vivre réellement, dans votre corps; en d'autres termes, les incarner.

Rassurez-vous! Guides, conseils et adresses pratiques vous accompagneront tout au long du parcours. Parfois, vous serez tentée de prendre les chemins de traverse. Celles qui les ont parcourus avant vous en sont revenues et affirment aujourd'hui que, si elles avaient su, elles n'auraient pas autant tergiversé. Elles ont commencé par caracoler à la tête de leurs résistances jusqu'à la « rupture de trop ». Il faut parfois traverser des liaisons intermédiaires, véritables sas de décompression, de renarcissisation ou d'initiation, pour s'autoriser à vivre une relation réellement harmonieuse. Dans l'immédiat, pour dépasser vos résistances, mettez donc toutes les chances de votre côté.

JE REDORE MON BLASON PERSONNEL

Nous l'avons vu, dans la prime jeunesse, nos parents représentaient à nos yeux des dieux dont les paroles et attitudes faisaient office de référence. Alors comment imaginer qu'eux-mêmes, sans doute mal reconnus par leurs propres ascendants, ont jadis, avec nous, répété ce qu'ils avaient vécu? Si certains se consolent à travers leurs enfants (vous, en l'occurrence) de leurs erreurs de *cas-*

ting amoureux (« Ton père, cette ordure ! »), d'autres vous considèrent comme leur bâton de vieillesse (« Je compte sur toi, ma fille. »).

Dans l'absolu, être estimée, reconnue, valorisée par sa famille contribue à attirer et à élire des amoureux qui vous estiment, vous reconnaissent et vous valorisent. Cependant, la plupart des individus ont bataillé pour survivre au sein d'une fratrie hostile. Il suffit d'observer le visage des ayant-droit au moment où le notaire révèle le contenu du testament des parents. Sans oublier les frères et sœurs du défunt, dont le fiel et l'envie marquent peut-être encore la génération précédente.

Il s'agit désormais d'identifier et de dépasser les engrammes familiaux qui, parfois, expliquent que l'abus soit devenu la norme. À partir de maintenant, si vous l'acceptez, votre mission consiste à redorer votre blason personnel. À défaut de vous aimer en un coup de baguette magique, prenez la décision de vous respecter et de vous faire respecter. Pour cela, il s'agit d'inverser les mécanismes de sabotage que vous pratiquez aussi naturellement que vous respirez.

L'image de soi s'apprend et se construit au fil des jours. Elle peut être solide, gratifiante ou dégradante, déstructurante pour vous-même. Sans doute, des tiers vous ont aidée à bâtir ce socle de jugements sombres, mais vous y participez de façon active, souvent inconsciemment.

Vous vous matraquez à longueur de journée de messages négatifs, telle la rengaine : « Tu es moche, tu ne le mérites pas, tu n'as pas le droit, tu n'es pas à la hauteur, tu es nulle, tu n'y arriveras pas, etc. » Ces messages vont petit à petit constituer votre image de vous-même. Le moulin négatif fonctionne tout seul, sans piles. Et le jour où vous êtes mise en situation d'être valorisée par un tiers pour une action accomplie ou tout simplement pour ce que vous êtes, une belle personne, vous perdez pied. Recevoir un compliment, accepter que l'autre vous dise : « Tu es belle » relève de l'impossible. À l'inverse, la roue du moulin positif tourne avec plus de difficulté.

Redorer son propre blason nécessite un travail quotidien qui passe par une décision à prendre : chanter autre chose que votre sempiternelle rengaine et fredonner, de préférence, quelque chose que vous aimez. Michel Odoul propose en ce sens la technique du Post-it®, qu'il a inventée.

La technique du Post-it®

- Prenez un paquet de petits Post-it®. Inscrivez sur chacun un signe cabalistique de votre choix : cœur, *smiley face*, ce que vous voulez, à partir du moment où, face à la petite voix qui vous chuchote des horreurs, il exprime une contre-offensive : « Tu es formidable, prends soin de toi, tu mérites le meilleur, tu le vaux largement, etc. »
- Ensuite, placez les Post-it® dans des lieux stratégiques : table de nuit, couverture de votre livre de chevet, miroir de la salle de bains, intérieur des toilettes, combiné du téléphone, porte de sortie de la maison, porte du frigo, etc. Où que vous alliez dans votre lieu de vie, vous tomberez dessus : vous ne pourrez plus être dupe ! À partir de là, vous ne subirez plus la ritournelle péjorative. Au contraire, vous assumerez votre responsabilité quant à la manière dont vous vous pensez, dont vous vous percevez vous-même.

La technique du Post-it® fonctionne pour deux raisons. D'une part, vous avez pris une décision majeure : vous avez passé du temps, de l'énergie à les concevoir et à les placer chez vous. D'autre part, vous le faites pour vous et pour personne d'autre. Vous serez étonnée de l'efficacité de cette « recette » banale. Elle fonctionne parfaitement pour contrebalancer le caquetage perfide qui, avec votre accord, vous a dominée si longtemps.

Mais pensez-vous le mériter ?

Au fond… méritez-vous de vivre l'amour avec un homme que vous aimez et qui vous aime ? Vous permettez-vous d'accepter ce qui est bon pour vous ?

EST-CE QUE JE MÉRITE D'AIMER ET D'ÊTRE AIMÉE ?

Prenez votre cahier. Écrivez la question ci-dessus sur la page de gauche et répondez sur celle de droite, puis tournez la page.

Sur une nouvelle page de gauche, écrivez les questions suivantes, et répondez-y en vis-à-vis sur la page de droite. Répondez de façon précise, claire.

Quelles sont les «choses» que je désire mais que je n'ai pas ?
Exemples : Un métier adapté à ma personnalité, un appartement plus spacieux, de l'argent, de jolis vêtements, un vélo, un amoureux, un enfant, etc.

Quelles étaient, dans mon enfance, les injonctions, les règles à propos du mérite ?
Exemples : «Tu ne mérites pas de récompense, tu n'as pas fait telle chose», «Tu mérites un baiser/une fessée.»

Rappelez-vous : *«Mes parents pensaient-ils qu'ils méritaient eux-mêmes quelque chose ? Avaient-ils toujours peur de déranger, d'usurper la place de quelqu'un d'autre ? Devais-je "payer un droit" pour mériter une permission de sortir, un bonbon, une part du gâteau ? Est-ce que je parvenais à obtenir ce pour quoi je devais payer un droit ? Est-ce que je l'obtenais "en entier", ou encore à moitié parce qu'un parent avait "négocié" ?»*
Exemples : Une bonne note impliquait-elle la permission d'aller à la fête ? Vous confisquait-on vos jouets favoris, vous privait-on de votre promenade du mercredi avec tante Aline quand vous faisiez quelque chose de mal selon leurs critères ? Étiez-vous interdite par exemple de cinéma, de télévision, de jouer de votre instrument de musique ?

Ai-je l'impression de mériter quoi que ce soit ?

Quelle image vous vient spontanément quand vous lisez cette question ?

Exemple : «Plus tard, quand j'aurai payé pour l'avoir, j'aurai une jolie robe, mais il faut d'abord que je travaille.» Êtes-vous assez bien pour la mériter, ou pas assez ?

Quelle croyance m'empêche de croire que je mérite quelque chose ?
Exemple : «Je n'arrive jamais à rien», «Je n'ai pas le niveau/le profil», «Je ne suis pas assez bien», etc.

Est-ce que je mérite de vivre ?

Exemples : «Oui, parce que je suis une battante», «En fait, je me le demande», «Non, ma sœur est décédée à l'âge de 15 ans, de leucémie», etc.

Pourquoi est-ce que je vis ?
Exemples : Pour transmettre mes connaissances, pour mes enfants, pour aider mes parents.

Qu'est-ce que je mérite ?

Exemples : «De m'en sortir sans faire de vagues», «Déjà, si je parviens à être mère, ce sera bien !»

D'où vient ce message ? Êtes-vous prête à le remplacer par une proposition positive ? Alors, faites-le ! Exemple : «Je mérite d'atteindre mon objectif : fonder une famille harmonieuse.»

Qu'êtes-vous prête à faire pour mériter davantage ?
Êtes-vous prête à pardonner, en d'autres termes, à vous libérer de votre refus de lâcher prise et qui alourdit votre cheminement (voir partie 1) ?

Si oui, alors vous méritez davantage !

Écrivez au feutre épais: Je mérite...

Puis, à la ligne:

Je mérite tout ce à quoi j'aspire, pas un peu, pas un petit bout, MAIS TOUT!

Je mérite de vivre, de bien vivre, je mérite l'amour, l'amour en abondance, un homme que j'aime et qui m'aime, des enfants, une bonne santé, la joie et le bonheur.

Je mérite la liberté d'être tout ce que je peux être.

Je mérite plus que cela, je mérite tout le bien.

Vous pouvez ajouter vos propres réponses, adapter ces propositions, du moment que vous n'employiez que des mots positifs. N'incorporez pas de limitations

Recopiez cette «déclaration de mérite» et collez-la sur votre miroir, votre frigo, sur le mur des toilettes, dans votre agenda, bref, en tous ces endroits où vous pourrez la voir facilement, ce qui lui permettra de vous rappeler que vous méritez l'amour.

Un truc vous aidera à avancer sur ce chemin escarpé: faire comme si. Comportez-vous «comme si» vous étiez une personne de valeur, qui s'aime et se respecte. À défaut de vous transformer, de modifier en une seconde votre perception de vous-même, vous vous familiariserez avec les attitudes inhérentes à l'amour de soi.

Si je m'aimais, voici comment j'agirais

Dans cette logique, reprenez vos réponses à propos du mérite. Après avoir écrit «Je mérite tout le bien», vous avez peut-être ajouté des mots positifs. Si vous ne l'avez pas fait, lancez-vous et développez.

SI JE M'AIMAIS, VOICI COMMENT J'AGIRAIS

Écrivez sur une nouvelle page : «Comment ce serait si je m'aimais ?» Rédigez ce que vous feriez, pas ce que vous éviteriez. Décrivez au minimum 25 propositions concernant ce que vous mettriez en place dans différents domaines.

Par exemple : «Si je m'aimais, je ferais du sport deux fois par semaine, je mangerais davantage de légumes. Je regarderais mon corps avec tendresse. Je prendrais le temps avant d'entrer dans une histoire. J'irais au rendez-vous persuadée que je suis belle et que je vais lui plaire... »

Il est nécessaire que vous vous attardiez également sur l'aspect physique de votre perception de vous-même. Une bonne relation avec votre corps compte autant qu'une estime de soi réhabilitée.

AVEC MON CORPS, J'EN SUIS OÙ ?

Malgré la révolution du féminisme, la libération des mœurs et la validation du droit au plaisir, la sexualité s'avère beaucoup plus compliquée à vivre que les femmes (et les hommes) ne s'y attendaient. Vous avez été préparée à fonder une famille, mais pas à devenir une adulte sexuée qui pense, capable notamment de vivre l'alchimie de l'orgasme.

Parallèlement, notre société prescrit chaque jour de nouveaux comportements. À écouter ce qu'on en dit dans les médias, coucher la première nuit et décliner les subtilités du Kamasutra relève du minimum. Consommer, encore et toujours, varier les plaisirs, faire monter les enchères, susciter de nouveaux désirs. Entre le poly-amour, le libertinage, le mélangisme, la pratique du «*one shot*», les soirées pyjama, comment ne pas se perdre? Quel est votre désir? Est-il libre? Pouvez-vous l'entendre?

Femmes, corps, sexualité : le constat

De nombreuses femmes répètent inconsciemment les comportements de leur famille et de leurs ancêtres. D'après les psychogénéalogistes, ces femmes ne meurent plus en couches, mais elles décèdent néanmoins (des suites d'accident ou de maladie) au même âge et de la même façon que leurs ascendants. C'est ce qu'on appelle le «syndrome d'anniversaire».

Le concept du syndrome d'anniversaire, inventé par Anne Ancelin Schützenberger[45], suppose que les individus sont la résultante de leur histoire familiale sur plusieurs générations. Les faits marquants de la vie des ancêtres rejaillissent sur les générations suivantes sous la forme de drames, d'accidents ou d'alliances. Les individus seraient coincés dans une boucle de répétition des événements, et seule l'analyse des arbres généalogiques permettrait de comprendre les agissements conditionnés par cette boucle, et d'en sortir.

Dans le contexte de liberté qui s'est installé en Occident au début des années 1970, les femmes concernées n'établissent pas le lien entre leurs maux et la lignée des femmes qui les ont mises au monde (mère, grand-mère, arrière-grand-mère…). Elles se croient libérées, en phase avec le millénaire. Pourtant, il arrive qu'elles rencontrent des problématiques sexuelles qui datent de la fin du XIXe siècle. Pour comprendre les enjeux transgénérationnels et rompre la chaîne des répétitions, elles doivent consulter des professionnels, puis travailler sur les croyances qui leur ont été transmises : le sexe est sale, monnayable, obligatoire, etc. Si elles ne revisitent pas leurs croyances quant à la sexualité, non seulement leur relation à l'homme en sera toujours entachée, mais elles transmettront ces interdits et ces peurs à leurs filles. Plus elles se sentiront libres dans leur «féminin», plus elles légueront à leurs enfants l'aisance et la fluidité, dans ces domaines si délicats.

---

45. Anne Ancelin Schützenberger. *Aïe, mes aïeux !*, La Méridienne, 2007.

Le féminin, c'est quoi exactement?

Tout être humain, homme ou femme, est constitué d'une polarité féminine et masculine. Beaucoup de femmes présentent actuelle-·ment un côté masculin surdéveloppé, tandis que de nombreux hommes possèdent un côté féminin très prononcé. L'anima est, dans la psychologie analytique du psychiatre suisse Carl Gustav Jung, la représentation féminine au sein de l'imaginaire de l'homme. L'anima désigne aussi la part féminine (soit les caractéristiques habituellement attribuées aux femmes: sensibilité, émotivité, intuition) qui s'exprime en chaque homme; elle développe les dons de l'homme, lui fait idéaliser la femme, le rend entreprenant. Il s'agit d'un archétype, une formation de l'inconscient collectif qui a son pendant chez la femme sous le nom d'animus, soit des éléments masculins tels que l'initiative, l'audace, la directivité, le désir de conquête de ce qui est nouveau. Ces archétypes se manifestent tout au long de la vie, projetés inconsciemment d'abord sur le parent du sexe opposé, puis sur les personnes rencontrées, auxquelles sont alors prêtées les caractéristiques de cette image stéréotypée.

Une femme qui contacte les diverses dimensions de l'animus en elle aborde de manière différente les hommes de son quotidien. Elle les perçoit dans leur dimension féminine interne, leur sensibilité. Celle qui a intégré sa polarité sera en paix avec la dimension masculine, externe comme interne.

À l'inverse, un animus négatif peut rendre une femme autoritaire, têtue, agressive ou colérique. Dans une société qui à la fois se féminise (les hommes roses du Québec font office de précurseurs[46]) et se masculinise (les femmes rattrapent le temps perdu et se comportent à l'instar des hommes), il existe un profond décalage entre la liberté sexuelle apparente et la crispation de la gent féminine en général. Celui-ci se matérialise, paradoxalement, à travers un nombre croissant de femmes d'un nouveau genre: les guerrières.

---

46. Jean-Sébastien Marsan et Emmanuelle Gril. *Les Québécois ne veulent plus draguer*, Éditions de l'Homme, 2009.

Les guerrières

Soignées, efficaces, bardées de diplômes et hyper compétentes, des trentenaires et de jeunes quadras agissent à l'image des hommes que critiquaient leurs mères. Seulement, elles ne s'en rendent pas compte. Parfaitement organisées, pas forcément agressives, elles perdent de leur superbe à 35 ans, tancées par le tic-tac de leur horloge biologique. Elles ont passé leur vie dans le contrôle, elles ont tout réussi, sauf les relations affectives qui se sont terminées dans une impasse. Elles rêvent confusément de s'abandonner et de vivre une romance sans trop savoir de quoi il s'agit et, surtout, elles ignorent l'essentiel : comment accueillir un homme. Coupées de leurs émotions et de leur corps, elles vont devoir cheminer pour se connecter au féminin en elles et pour se réconcilier avec l'image de la femme tout court : entre leur mère toute-puissante, absente ou possessive, une sœur jalouse ou soumise, leurs modèles d'identification ne reposent pas sur l'harmonie ni sur la douceur, bref, ils ne valorisent ni la vulnérabilité ni la tendresse.

Parmi elles, certaines ont appris le sexe et l'érotisme en même temps que l'alcool. Elles se sont envoyées en l'air avec des inconnus après des soirées bien arrosées durant leurs études, ou entre deux relations longues pour les plus chanceuses. À 30 ans passés, leurs copines sont en couple, ceux qui les draguent aussi, et leurs amis d'université se tournent vers les plus jeunes qui, elles, s'amusent encore.

Et les autres...

Pour autant, une autre catégorie de femmes, moins revendicatrices par nature, semble tout aussi concernée. Celles-ci ont éprouvé de lourdes difficultés pendant et après leur séparation. Désormais, qu'elles aient 35 ou 70 ans, ouvrir leur cœur et leur corps, aller vers un homme ne se déroule pas aussi facilement qu'elles l'auraient pensé.

Entre celles qui ont besoin de s'affirmer, celles qui devraient rendre les armes et celles, enfin, qui en veulent terriblement à la gent masculine, une issue consisterait, avant de se lancer dans la chasse à l'homme, à rencontrer le masculin et le féminin à l'intérieur d'elles-mêmes.

SE « RÉÉROTISER » MODE D'EMPLOI

Si vous n'avez pas connu d'intimité sexuelle depuis un certain temps et que vous avez choisi d'habiter à nouveau votre corps, sachez que seule la pratique vous permet d'être « in the mood » rapidement. Pour commencer, l'essentiel consiste à :

Se réconcilier avec le féminin

Pour peu que votre mère ait passé sa vie à vous dévaloriser et à projeter sur vous la piètre estime qu'elle avait d'elle-même, pouvez-vous appréhender la femme autrement que comme une rivale, une sorcière ou une teigne ? Dès lors, votre image du féminin se réduit à des adjectifs négatifs auxquels vous vous identifiez de façon inconsciente. Or la carte de votre mère n'étant pas le territoire, fréquenter des femmes chaleureuses vous révélera non seulement la possibilité d'un compagnonnage plus agréable, mais vous permettra de chercher du soutien auprès de bonnes personnes. Un cercle de femmes recevra vos doutes et votre dénigrement de vous-même avec recul et bienveillance. Dès lors, vous fuirez les amies qui jugent sévèrement les hommes (et vous), pratiquent le « *bitching* » et qui, enfin, vous consolent quand vous allez mal, mais ne supportent pas votre rayonnement lorsque vous remontez la pente. Les participantes vous soutiendront et vous guideront sur le chemin escarpé de l'attention à soi. Grâce aux ateliers de parole axés sur la sexualité, vous apprendrez à vous honorer en tant que femme et retrouverez, progressivement, la confiance en l'autre et la confiance en vous. Cette approche renforcera celle de la médiation et contribuera à l'édification de cet espace sacré que vous avez découvert lors de la partie 3.

Ne brûlez pas les étapes en suivant des groupes mixtes. La présence des hommes suscitera des enjeux érotiques et de la séduction. Ces derniers vous éviteront de visiter votre intériorité et d'assurer des bases solides pour vous respecter lorsque vous donnerez rendez-vous à vos prochains galants.

Dans un second temps, ne hurlez pas s'il vous plaît, vous devrez pratiquer l'autoplaisir, autrement dit, vous masturber. Sex toys, supports visuels ou fantasmes personnels, peu importe, seul compte l'irrigation de cette zone sensible qui s'usera uniquement si vous ne vous en servez pas. Dans une salle pleine de dames, les messieurs sentent instinctivement lesquelles sont connectées à leur bas-ventre. Devinez s'ils sont affriolés par les plus belles selon les normes en vigueur ou par celles qui dégagent de la sensualité ? Certaines, coupées de leur bassin par peur de souffrir à nouveau, renvoient un message glacial, dénué de chaleur et d'érotisme. Celui qui a déjà connu des années sans câlins ne s'embarrassera, dans sa prochaine tranche de vie, d'une mijaurée qui pourrait à nouveau le frustrer sexuellement.

Enfin, parallèlement aux deux étapes précédentes, il vous reste à réinvestir votre corps, sa fluidité, son mouvement et à vous y sentir à l'aise. Pour l'habiter davantage, reprenez les adresses de la partie 1. Choisissez un cours régulier de la danse de votre choix (Biodanza, 5 rythmes, danse de l'âme, danse contact, autre) pour sortir de votre tête et laisser s'exprimer votre chair. Attention, vous pouvez vous mettre au rock ou à la salsa, mais ces activités-là n'apporteront pas ce que vous avez besoin de développer.

En revanche, des que vous vous sentirez prête, passez à l'étape suivante : vous connecter à la femme sauvage. Pour cela, elles doivent, commencer par réapprivoiser leur féminité.

La femme sauvage

Selon Clarissa Pinkola-Estes[47] : « Chaque femme porte en elle une force naturelle riche de dons créateurs, de bons instincts et d'un savoir immémorial. Chaque femme a en elle la Femme Sauvage. Mais la Femme Sauvage, comme la nature sauvage, est victime de

---

47. Clarissa Pinkola-Estes. *Femmes qui courent avec les loups*, Poche, 2001.

la civilisation. La société, la culture la traquent, la capturent, la musellent, afin qu'elle entre dans le moule réducteur des rôles qui lui sont assignés et ne puisse entendre la voix généreuse issue de son âme profonde. La femme qui récupère sa nature sauvage est comme les loups. Elle court, danse, hurle avec eux. Elle est débordante de vitalité, de créativité, bien dans son corps, vibrante d'âme, donneuse de vie. Il ne tient qu'à nous d'être cette femme-là. »

Vaste projet ! Seules celles qui accomplissent un travail psychocorporel entreront en contact avec cette part d'elles-mêmes, que leur résistance séquestre volontiers. Une fois les présentations faites, c'est tout un espace de liberté qui s'ouvre, à condition de persévérer. Réveiller la femme sauvage signifie se réapproprier sa créativité, se reconnecter à ses propres rythmes, sortir de l'apathie, de la dévalorisation, de la fatigue, de la peur, de la solitude, arrêter de vivre sa vie pour ou à travers les autres. Il s'agit alors de renforcer la femme vitale, jouissante, organique, cyclique, donneuse de vie, consciente de sa créativité, de sa propre voix, intuitive et visionnaire. Celle-là sait ce que signifie accueillir un homme.

Accueillir l'homme ?

Dans la réalité, les hommes rencontrent fréquemment deux types d'amantes. D'abord, la « professionnelle », celle qui a appris à travers les séries érotiques et les films « comment faire l'amour à un homme », connaît les gestes parfaits, le déroulé idyllique et l'état de « femme libérée » sur mesure. Ensuite, la petite chose fragile, ou le « bout de bois », comme ils disent. Elle se laisse faire, manque d'initiative, que ce soit par timidité ou par inexpérience. Entre les extrêmes se trouvent les habituelles nuances en fonction de l'alchimie des corps. Dans tous les cas, selon Danièle Flaumenbaum[48] : « Même si elles apprécient le mâle, la plupart ignorent comment l'accueillir et le recevoir en elles. »

Visiblement, l'insatisfaction se révèle réciproque. À vous entendre, vous aimeriez rencontrer un véritable amant, c'est-

---

48. Danièle Flaumenbaum. *Femme désirée, femme désirante*, Payot, 2006.

à-dire un homme amoureux, en désir et en relation avec vous, et en lien avec lui-même. Un homme totalement présent à vous, qui vous honore, vous respecte, suscite votre désir… Celui dont vous dites entre vous qu'il vous a fait « grimper au rideau ».

Accueillir un homme dans la relation intime nécessite trois conditions incontournables :

- s'ouvrir totalement ;
- accepter ce qui est ;
- être dans la présence à soi, à l'autre, accompagner ce qui est tout au long.

En d'autres termes, s'ouvrir implique d'être vraiment là et pas dans ce que vous avez à faire le lendemain, vos courses ou l'appel que vous donnerez tantôt pour prendre rendez-vous chez le dentiste. De plus, l'acceptation présuppose une absence totale de jugements, de scénario érotique déjà écrit et, surtout, d'attentes romantiques qui, déjà, indiqueraient votre absence ici et maintenant.

Pourtant vous détenez, par votre intention et votre énergie sexuelle, la capacité d'accueillir cet homme qui vous séduit et de l'initier. Et lui détient, par son intention et son énergie masculine, la capacité de vous guider.

Homme gourou, femme initiatrice, ou le contraire…

Le « gourou », guide spirituel dans l'hindouisme et le bouddhisme, fait figure d'autorité respectable. Dans l'Inde d'aujourd'hui, ce mot désigne le professeur, celui qui enseigne. Son crédit repose sur la tradition spirituelle à laquelle il adhère et dont il a suivi les enseignements et pratiques, ou sur son éveil spirituel. En Occident, le concept de gourou semble perverti et déformé. Ou bien le gourou orchestre une secte, ou bien son charisme lui permet une vie amoureuse et sexuelle très active auprès de ses adeptes. Pour une poignée de thérapeutes peu orthodoxes, l'homme, généralement, occupe la fonction de « gourou » au sein de la relation amoureuse, dans la mesure où ses comportements, quels qu'ils soient, obligent sa partenaire à s'ajuster et à (s')écouter. Dans cette perspective, cette dernière, pour peu qu'elle s'analyse elle-même, traque ce qui se réveille en elle en termes d'inquiétude, de dépendance, de doute. Elle accède aux ombres qui pourraient saboter la relation, décide d'en parler, ou pas. Diriger l'éclairage de la conscience vers ses peurs les démystifie et apporte un apaisement immédiat dans la relation. À condition que les partenaires partagent la même intention, un réel désir d'avancer, et expérimentent en permanence leur virtuosité à l'ouverture.

La femme s'improvise initiatrice à partir du moment où, plus spontanément proche de ses émotions que l'homme, elle pousse ce dernier à évoluer. Le dicton populaire n'affirme-t-il pas : « Derrière tout grand homme, il y a une femme » ? Beaucoup de « maris » bougent sous la pression de leur compagne, souvent après la rupture. Des années plus tard, ils reconnaissent leur être redevable. L'inverse, plus rare cependant, se produit aussi.

Vous avez subi le pouvoir des hommes durant des millénaires. Ainsi donc, vous, femmes, avez porté le féminisme, ce mouvement, cette révolution que personne ne songe à contester. La révolution sexuelle a eu lieu. Depuis une vingtaine d'années, peut-être même plus, vous avez assisté à la transformation des hommes. Quand ils sont trop féminins, vous vous ruez dans les bras des *bad boys* qui eux incarnent la virilité. Mais s'ils s'avèrent trop machos, vous leur reprochez immédiatement de manquer de sensibilité. Souvent, vous les coincez dans une double contrainte qui leur ôte parfois le goût de la relation. Regardez autour de vous : ils sont perdus, ils souffrent et n'ont parfois d'autre issue que les groupes d'hommes.

Mais vous avez aussi été des muses, des inspiratrices. Puisez dans votre féminin, dans votre femme sauvage, les ressources qui contribueront à faire avancer le dialogue homme-femme. C'est avec votre sensibilité, votre intuition et votre écoute que vous pourrez avancer, évoluer, à partir des notions contenues dans ce livre, et que vous apporterez votre contribution à ce beau projet.

Initiatrice, vous l'êtes dans l'âme et le corps. Ouvrez-vous. Laissez à vos amants l'espace de se déployer, et ils vous combleront.

Pour (re)devenir initiatrice, voire inspiratrice, et mieux connaître votre sexualité, il existe des issues. Rassurez-vous, il n'est pas d'actualité de vous proposer une énième recette miracle pour personnifier la panthère de leurs fantasmes, mais tout simplement de vous offrir une piste qui ouvre la porte aux hommes, à condition de ne pas vous laisser déborder par cette puissance recouvrée.

Le tantra : amour, sexualité, spiritualité

Pour les non-initiés, le tantra, véritable art de vivre, permettrait, grâce à certains « trucs », de connaître une jouissance physique hors du commun. Voilà une définition bien réductrice pour cette discipline complexe, née en Inde il y a plusieurs millénaires. Cette voie mystique a profondément marqué le bouddhisme et l'hindouisme, tout en conservant ses propres caractéristiques shivaïtes. Le tantra n'est pas une thérapie, mais une tradition spirituelle. Jung s'en est inspiré, de même que de nombreux sexologues et mouvements de développement personnel (comme, notamment, l'approche psychocorporelle). La psychologie et le tantra, avec comme point commun une approche pragmatique, visent simplement, loin de toute vision morale, à favoriser la rencontre avec ce que nous sommes réellement.

Cette pratique de transformation de soi et d'évolution sollicite ce qu'il y a de plus complexe et de plus puissant en l'homme : l'énergie vitale. Elle conçoit la vie intime comme un moyen de développement psychologique, à travers lequel la canalisation de l'énergie sexuelle permet l'ouverture vers le spirituel.

Le tantra, un état d'esprit avant tout, n'impose rien. Il n'évalue pas en termes de bien ou de mal. Il s'agit d'être, dans sa globalité, sans rien rejeter. Tout peut devenir une occasion de transformation. Il suffit de se détendre, de regarder et de vivre ce qui se présente dans la lumière de la conscience. Il relaxe le corps, ouvre le cœur, et clarifie le mental. En cela, il participe au dépassement des résistances.

Pratiquer le tantra offre de nombreux avantages :
- Réveiller l'énergie sexuelle.
- Se connecter à l'autre, ici et maintenant.
- S'abandonner à ce qui vient dans l'instant.
- Écouter son ressenti pour apprendre à dire non.
- Ne pas avoir de programme sexuel.
- Favoriser le partage et l'intimité.
- Apprendre à respirer, à méditer.
- Sortir des jugements et des programmations familiales, sociétales.
- Changer son regard sur soi et sur l'autre.

La tentation du libertinage

La tentation de libertinage semble parfois une réponse ponctuelle de la femme qui tente de reprendre, maladroitement sans doute, le pouvoir sur sa vie, sur les hommes, et de retrouver son estime d'elle-même. Au-delà des origines, voilà comment en parle Marion, 38 ans : « Je souffre personnellement d'un manque de confiance en moi et je me fais manipuler par les hommes, lesquels repèrent très vite la fille facile. Sans compter les « maris » que j'ai tendance à attirer. Depuis quatre ans que je suis divorcée, j'ai eu de très nombreuses expériences, jusqu'à fréquenter des milieux échangistes ! Paradoxalement, ce milieu m'a permis de m'affirmer et de prendre conscience que je pouvais plaire et, inconsciemment, de me sentir plus sûre de moi au quotidien ; par contre, moi qui suis très sensible, j'ai beaucoup souffert psychologiquement à cause de ces hommes qui ne veulent que du sexe et rien construire… Cela fait huit mois que j'ai décidé d'arrêter de fréquenter ces endroits, mais depuis je m'angoisse et me désespère, car j'ai peur de "finir seule". Actuellement je fréquente un homme qui a 12 ans de moins que moi, mais il me fait beaucoup souffrir. Notre relation est en dents de scie : après que nous avons passé de bons moments, il disparaît pendant plusieurs semaines en prétextant qu'il est très occupé ; pourtant, il m'avait bien dit au départ que je lui plaisais, et c'est lui qui est tombé sous mon charme… Je n'attire que des hommes qui initialement semblent corrects, et ensuite on dirait qu'ils se lassent. Alors, leur attitude change. Je ne comprends pas pourquoi je n'arrive pas à franchir ce cap du long terme, pourquoi au final je me retrouve toujours seule… et dans une très grande frustration. Comment se sortir de ces angoisses de la peur de la solitude et du manque affectif dont je souffre depuis mon enfance ? »

Ce témoignage cristallise presque tous les points abordés dans ce livre. Le manque de respect de soi, né chez une petite fille visiblement maltraitée ou peu reconnue, qui répète inlassablement le même scénario au lieu de retourner à la source et de rencontrer l'enfant abîmée qui vit en elle. Ce manque d'attention ontologique la conduit à rencontrer des hommes qui la traitent comme un objet. Pour un peu de tendresse, elle offre ses appâts en espérant le retour du prince qui ne revient jamais. Elle croit reprendre du poil de la bête dans les milieux libertins, dans lesquels elle s'aperçoit qu'elle est encore plus méprisée qu'avant. Sauf que, au moment de l'érection du mâle, pendant quelques minutes, son corps désiré par tous ces regards brillants lui donne l'illusion qu'elle décide. Illusion suivie d'un désenchantement tragique ; son moment de grâce se termine en point d'orgue avec un jeune homme inconstant qui, à l'instar de tous les autres, l'utilise lui aussi sexuellement.

Derrière la tentation du libertinage (ne parlons pas de la prostitution ni des films pornographiques, qui sont plus souvent reliés à des situations incestuelles ou incestueuses, violentes, auxquelles se rajoutent des paramètres sociaux) se dessine un scénario de l'enfance. L'utilisation du sexe apporte à la femme un prestige usurpateur, qu'elle le monnaie ou pas. Celle qui « couche » pour de l'argent, un repas au restaurant, un peu d'affection ne vaut ni plus ni moins que celle qui a arrêté de fréquenter les hommes à force de s'être sentie manipulée. Ne l'oubliez pas, un homme qui vous blesse ou vous fait du mal n'est pas un salaud. C'est un homme à qui vous avez permis de vous malmener en fonction de ce que vous vous autorisez à vivre ou pas. Vous retrouvez généralement ces schémas également dans votre vie sociale et professionnelle.

Reprendre votre intégrité, vous honorer en tant que femme nécessite de retrouver, à l'intérieur de vous, un « espace sacré » qui n'a jamais été abîmé par la famille, par la société ou par les hommes. Rien n'effacera le passé ni ne le réparera. Au mieux, les tourments qu'il vous a légués seront apaisés. Pour autant, découvrir cet espace et vous y installer vous permettra de l'occuper. Dès lors, vous vous y ressourcerez, y respirerez, ce qui lui donnera de l'ampleur. Chaque jour, le visiter et vous reposer en ce lieu de non-jugement, que vous découvrirez lors de méditations par exemple (voir la section des pistes), mettra du baume sur vos blessures et fera office de refuge. Votre véritable pouvoir réside bien là : en vous, dans cette partie respectée et entière, qui va se développer au fil de vos voyages intimes. Dès lors, vous avez la possibilité de grandir là où vous n'avez pas eu l'occasion de le faire autrefois.

Si, terrifiée par vos déboires passés, vous avez renoncé aux hommes et mis votre libido entre parenthèses, sortez de votre figement et ouvrez-vous à l'érotisme, une autre voie vers l'amour.

JE SUIS CLAIRE ET J'ATTIRE QUELQU'UN DE CLAIR

Toute rencontre s'exerce en miroir. En d'autres termes, les hommes que vous croisez reflètent l'état affectif qui vous correspond à cette période de votre vie. Si vous constatez qu'ils évitent l'intimité ou dissimulent une compagne, interrogez-vous sur votre réel désir d'engagement. D'ailleurs, lorsque vous entendrez les contes de celles qui ont trouvé sans effort un partenaire qui a divorcé pour elle dans les six mois, ne vous leurrez pas. Vous ne connaissez de ce récit que la version qu'elles ont bien voulu vous donner. À cet égard avez-vous envie de sortir avec un homme engagé pour voir s'il quitterait tout pour vous ? Et, dans l'hypothèse où il viendrait à rompre, souhaitez-vous l'accompagner dans le parcours du combattant de la séparation, puis du divorce ? Sans oublier la possible aliénation des enfants par une mère blessée, les chantages aux week-ends de garde et autres vacances dont il vous restera les miettes à partager en amoureux. La plupart du temps, vous n'allez pas jusqu'au bout du processus parce que, précisément, vous avez choisi cet homme pour son manque de disponibilité (voir la partie 2).

En synthèse, plus vous vous serez délestée de vos amants, ex et autres adorateurs, plus vous aurez nettoyé devant votre porte, plus vous en faciliterez l'accès. Vous attirerez des êtres qui ont la même intention : construire avec une personne apaisée et motivée.

Intégrez-le une bonne fois pour toutes : quand vous savez ce que vous voulez vivre et que vous vous sentez prête, contre toute attente, la vie vous teste. Elle offre en effet des possibilités affriolantes, comme pour mettre vos désirs à l'épreuve. Elle vous présente une brochette de personnages tentants mais dangereux. Soit ils butinent en secret, soit ils sont toujours amoureux d'une autre, soit ils sont encore perdus. En d'autres termes, la première personne que vous croiserez quand vous partirez à la quête de l'âme sœur ne sera pas forcément celle qui vous conviendra le mieux. Vous vous laisserez sans doute ensorceler par le chant des sirènes, au risque de vous réveiller six mois ou six ans plus tard en vous demandant comment vous avez pu tenir aussi peu compte de vos besoins essentiels. Alors n'écoutez pas le chant des sirènes, écoutez plutôt celui de votre intuition et de votre corps. Dès lors, vous prendrez le temps et le paysage s'éclaircira. Seuls resteront ceux qui émettent sur la même fréquence que vous !

Pour vous en convaincre, suivez la narration de Charlotte.

Charlotte, 39 ans, divorcée, deux enfants, rencontre Éric par l'entremise d'Internet. Ils se retrouvent à son Q.G. à elle, un des meilleurs restaurants du quartier. Son charme opère jusqu'au moment où, suite aux questions précises qu'elle lui pose un peu tard, il avoue être marié. Déçue, néanmoins séduite, au lieu de le remercier, de quitter la table après le dessert, elle se dit : « En attendant Mister Right, je peux m'occuper agréablement. » La semaine suivante, elle rencontre Antoine, sur le même site. Il l'invite au même endroit puisqu'elle lui a soufflé l'adresse. Elle fond pour ce beau brun aux boucles joyeuses, divorcé, deux enfants de l'âge des siens, qui partage ses centres d'intérêt. Il la raccompagne en voiture. Ils se quittent sur un baiser prometteur en bas de chez elle. Elle monte les marches quatre à quatre, la tête dans les nuages, tout excitée par le rendez-vous qu'il lui a donné le samedi suivant. À peine rentrée, un texto l'attend déjà : « J'ai adoré notre soirée, hâte de te voir samedi. Merci Internet. » Le surlendemain, veille du jour J, elle reçoit un courriel plein d'amertume dans lequel elle apprend qu'Éric et Antoine sont amis d'enfance… Ce dernier la traite de manipulatrice et lui demande : « Combien sont passés avant moi, dans ce restau ? C'est pour ça que le serveur te connaît si bien ! »

Au-delà de l'humiliation, il reste le gâchis. Si Charlotte s'était respectée, elle aurait posé assez de questions à Éric au téléphone, et aurait par conséquent refusé d'aller dîner avec lui. Et au moment de l'aveu à table, elle aurait pu le remercier et en rester là. Rencontrer Antoine par la suite n'aurait pas posé de problème, et peut-être roucoulerait-elle encore avec lui aujourd'hui.

Il est temps de passer à la réalisation de votre projet amoureux.

Je prépare sa venue

Dans votre cahier, titrez sur deux pages en vis-à-vis : « Je prépare la venue d'une âme sœur. » Sur la page de gauche, inscrivez toutes les caractéristiques négatives de votre ou de vos ex. À droite, transformez chaque proposition négative en une proposition positive.

Exemples :

Radin	⇨	Généreux
Taciturne	⇨	Extraverti
Éjaculateur précoce	⇨	Bon amant
Grande gueule	⇨	Discret
M'as-tu-vu	⇨	Humble

Une fois ces deux listes dressées, sélectionnez les cinq « particularités » essentielles pour vous, et reportez-les sur une nouvelle page. Elles constitueront des fondements, associés à vos valeurs.

Ensuite, détachez la page de gauche et brûlez-la. Conservez la page de droite et décorez-la à l'aide des feutres de couleur. Placez-la près de votre lit. Il s'agit de vous sensibiliser aux caractéristiques à rechercher chez votre future âme sœur. Relisez votre papier chaque jour pour vous en imprégner.

QUELLES SONT VOS VALEURS ?

Dans la liste ci-après, vous trouverez l'essentiel des valeurs répertoriées par Yannick le Cam[49].

Les douze premières, soulignées, se sont révélées fondamentales dans le cadre de sa pratique. Parmi celles-ci, sélectionnez les sept auxquelles vous attachez le plus d'importance. Vous pouvez en piocher deux maximum parmi celles qui ne sont pas soulignées. Élisez les trois qui comptent le plus à vos yeux, puis répercutez-les dans votre cahier, sur une page intitulée : « Quelles sont les valeurs que je souhaite partager ? »

À l'aune des trois valeurs sélectionnées, reprenez l'exercice précédent et précisez-le.

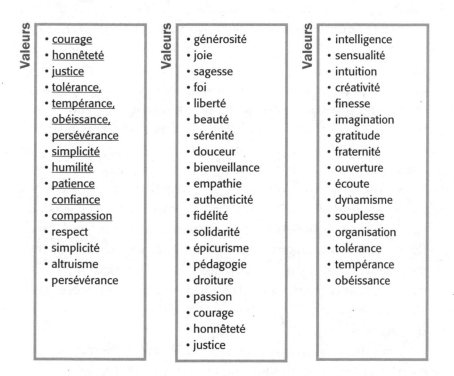

Valeurs	Valeurs	Valeurs
• courage	• générosité	• intelligence
• honnêteté	• joie	• sensualité
• justice	• sagesse	• intuition
• tolérance,	• foi	• créativité
• tempérance,	• liberté	• finesse
• obéissance,	• beauté	• imagination
• persévérance	• sérénité	• gratitude
• simplicité	• douceur	• fraternité
• humilité	• bienveillance	• ouverture
• patience	• empathie	• écoute
• confiance	• authenticité	• dynamisme
• compassion	• fidélité	• souplesse
• respect	• solidarité	• organisation
• simplicité	• épicurisme	• tolérance
• altruisme	• pédagogie	• tempérance
• persévérance	• droiture	• obéissance
	• passion	
	• courage	
	• honnêteté	
	• justice	

---

49. Dans Jean-Claude Genel. *Le sens sacré des valeurs*, Éditions des 3 Monts, 2006.

Exemple : Françoise, 50 ans, qui s'occupe de ses parents âgés, sélectionne les valeurs de beauté, de justice et de bienveillance. Elle affine son projet. Elle visualise un être séduisant à ses yeux qui, lui aussi, la trouve belle. Son sens de la justice fait de lui un homme clair, précis, qui dit ce qu'il fait et fait ce qu'il dit, comme elle. Enfin, sa bienveillance lui permet de s'attendrir sur les singularités de Françoise, en particulier les préoccupations liées à ses parents âgés. De son côté, Françoise se sent capable d'accepter des particularités auxquelles elle n'avait jamais été confrontée auparavant. Le monde de l'intime s'ouvre à elle.

Clarifiez votre demande : Que voulez-vous vivre en amour ?

« Quand tu veux quelque chose, tout l'univers conspire à te permettre de réaliser ton désir », écrit Paulo Coelho.

Selon Yannick le Cam[50], nos pensées sont créatrices ; nous attirons à nous tout ce que nous voulons, mais aussi tout ce que nous ne voulons pas. Nos pensées génèrent des attitudes mentales et, donc, des jugements de valeur. Celles-ci produisent des comportements qui, répétés inlassablement, fabriquent des habitudes. À leur tour, nos habitudes suscitent toujours les mêmes résultats. Dans cette logique, admettons-le, notre existence devient plus heureuse si nous nous concentrons sur ce que nous voulons et si nous cessons d'alimenter les pensées négatives, qui sont précisément le fruit de l'activité débridée de notre mental. Le subconscient a besoin de projets précis pour entrer en action. Vous devez donc chercher au fond de vous-même votre véritable motivation et formuler clairement ce que vous désirez. Dès qu'une pensée dominante, suffisamment précise, est nourrie et énoncée, votre subconscient met tout en œuvre pour que vous parveniez à la faire devenir réalité.

Tout d'abord, interrogez-vous sur ce que vous voulez vraiment, sans vous préoccuper de la manière dont vous pourriez

---

50. www.tcap-formation.com

l'obtenir. Puis, définissez votre projet amoureux à l'aide des trois clés suivantes.

La première clé : Écrire permet de repousser les limites qu'imposent le jugement, la censure et les croyances. Ainsi, en écrivant, vous faites « comme si » tout pouvait se produire selon votre désir. Vous libérez votre capacité à rêver et les bonnes sensations qui l'accompagnent.

La deuxième clé : Visualiser procure les émotions et les sensations liées aux résultats que vous vivez par anticipation sensorielle. Grâce à cette visualisation, vous choisissez l'histoire que votre cerveau va pouvoir tisser dans le monde réel. Visualiser, c'est donc se préparer à décider, à choisir et même à mieux gérer l'inattendu dans la mesure où, à tout moment, vous savez quelle est votre destination finale. Dès que vous croyez une chose possible, vous déclenchez les images qui, à leur tour, amplifient votre désir de réalisation et décuplent votre motivation de passer à l'action.

La troisième clé : Planifier vous met sur le chemin de la concrétisation de votre projet. Il serait vain de croire que la visualisation seule suffise. « Aide-toi et le ciel t'aidera », dit le dicton. Vous devez donc suivre un certain nombre d'étapes pour atteindre votre objectif.

Établissez la liste de tout ce que vous désirez entreprendre et qui dépend de vous. Mettez à l'honneur la valeur de cohérence. Décrivez tout ce que vous allez faire, et faites ce que vous avez décrit. La planification représente l'échelle qui permet d'atteindre l'étage supérieur ; les barreaux symbolisent les actions à mener. Limitez l'ingérence de l'émotionnel. Plus vous identifiez les actions et les sous-actions qui en dépendent, plus vous êtes en « sécurité émotionnelle ». Si vous demeurez concentrée sur le passage à l'acte et sur la réalisation, vous limiterez les éventuelles manifestations de votre résistance. Planifier permet de passer de l'intention d'action à l'attention dans l'action. De l'intention à l'attention, vous garderez le cap, car vous avancerez grâce à votre GPS (guidage par subconscient), vous entrerez dans la dynamique des petits pas. C'est ainsi que vous cultiverez la sérénité dans l'accomplissement de soi et que vous engrangerez, chaque jour, de petites victoires.

Faire appel à l'agence de rencontres cosmique

Combien ont rêvé (rappelez-vous : la différence entre un rêve et un projet, c'est la date) d'une belle rencontre avec un être hors du commun, un matin de printemps, par un hasard qui aurait bien fait les choses ? Dans les coulisses, des petites voix intérieures ricanaient : « Le mérites-tu ? Tu te prends pour qui ? Tu as bu ? » Naturellement, vous espériez qu'elles se trompent. Vous oscilliez entre le fantasme d'une intervention divine qui aurait intercédé en votre faveur et la triste réalité : « ça » n'arrive qu'aux autres ou dans les films. De fait, la cavalerie débarque uniquement dans les westerns américains.

Pourquoi cela ne fonctionnait-il pas ? Parce qu'au moment où vous pensiez : « Je rencontre un homme que j'aime et qui m'aime », votre ressenti (les petites voix saboteuses, la partie de vous qui n'y croit pas, la résistance) faisait obstacle. Fini la belle stature qui se dessinait à l'horizon ; la vibration qui vous entourait à cet instant devenait celle du doute et de la peur. Voilà pourquoi la méthode Coué et les phrases autopersuasives pleines de volonté ne donnent rien. Chaque hésitation fuse en même temps que la pensée. Le mouvement négatif s'oppose à l'onde positive et aucun résultat ne peut advenir. Il s'agit donc d'aligner le ressenti (autrement appelé le vécu émotionnel) à la pensée.

Pour attirer votre âme sœur, oubliez les misères liées à votre ex, ses tares et les souffrances vécues (d'où l'intérêt d'avoir dépassé la colère et d'avoir pardonné) ; à défaut, vous risqueriez de tomber sur son clone. Au contraire, focalisez-vous sur ce que vous voulez (et sur les attributs que vous recherchez chez une âme sœur ; voir les clés, présentées précédemment). Au lieu de songer : « J'en ai assez de rencontrer des nazes », pensez, en le sentant profondément de façon à émettre des vibrations synchronisées : « Je rencontre une âme sœur », sans omettre la date, sinon vous pourriez attendre longtemps !

Pour concrétiser cette démarche, il s'agit maintenant de rédiger...

Votre lettre à l'agence de rencontres cosmique

À partir de vos valeurs et critères, écrivez le portrait d'une âme sœur. Dans cette lettre, vous parlerez de vos valeurs communes, de ce que vous partagerez, de points précis et importants comme son lieu d'habitation, sa situation matrimoniale, son niveau d'études, son apparence, etc.

Prenez garde à ne formuler que des phrases positives. Par exemple, dites: «Il est généreux» plutôt que «Il n'est pas avare». Soyez précise dans votre demande. Exemple: «Il est séduisant» ne veut rien dire. En quoi est-il séduisant pour vous? «Il a un regard vif, un visage ouvert, il sourit souvent.»

Vous pouvez également faire un collage pour mieux visualiser votre projet. Découpez des photos d'hommes craquants à vos yeux dans les magazines, ne vous privez pas. Soyez créative avec des looks, des silhouettes, des couples amoureux, des enfants, des poussettes, une petite maison dans la prairie, un chien dans le jardin, etc.

EXERCICE FINAL DE PLANIFICATION

Définissez ensuite quels moyens vous allez consacrer à votre démarche. En effet, pendant quelques semaines, voire quelques mois, vous concentrerez votre énergie sur ce projet.

Concrètement, procéderez-vous seule? Évitez de demander à une amie de vous accompagner, même si elle suit un parcours identique au vôtre. Hormis des commentaires chargés de projections, un problème se posera quand la première aura trouvé. Il semble plus judicieux de consulter un coach ou un thérapeute, ou encore de participer à un groupe de paroles pour femmes (voir adresses à la fin de la partie 4). Une personne neutre, non impliquée, spécialiste de la relation d'aide vous apportera un regard bienveillant, dénué de jugement.

Ensuite, décrivez comment vous allez procéder : voyages pour célibataires, soirées dansantes, fréquence de vos sorties, etc. Si vous n'avez pas encore nettoyé le seuil de votre porte, au sens propre comme au sens figuré, faites-le avant de vous lancer. Par exemple, planifiez de congédier vos amants à telle date, de rompre avec le favori tel jour, de rendre les affaires du troisième la semaine prochaine, d'intégrer vos croyances revisitées à tel moment, etc.

Au-delà des valeurs, les éléments que nous venons de voir, incontournables, conditionnent également la réussite de votre relation future.

À VOS MARQUES... PRÊTES ? C'EST PARTI !

Vous êtes enfin prête à passer à l'acte ! D'ailleurs, les partenaires potentiels pleuvent dans votre vie et, qu'ils proviennent de sites Internet ou de vos réseaux personnels, vous avez déjà eu des contacts téléphoniques et donné quelques rendez-vous.

Préparez-vous à refouler des énergumènes décevants, désagréables, voire humiliants ; ils font partie du folklore destiné aux nouveaux arrivants sur le « marché » de la rencontre. Qu'ils correspondent à des pièges symboliques pour vous tester, à une réalité ou aux soubresauts de vos résistances, effrayées à l'idée que vous succombiez à l'amour, importe peu. Si l'un vous rejette, disparaît ou se comporte avec mépris, prenez de la distance. Et « Quoi qu'il arrive, n'en faites pas une affaire personnelle[51] ». Ce deuxième accord toltèque prend ici son véritable sens. Vous ne pouvez imaginer quels paramètres se cachent derrière son attitude : vous avez la voix ou la silhouette de son ex, il est déjà séduit par une autre qui a accepté d'aller plus loin, il vient d'être rappelé à l'ordre par sa Cruella, il se divertit au sens Pascalien[52] du terme, bref, pour

---

51. Don Miguel Ruiz. *Les quatre accords toltèques,* Jouvence, 2005.
52. Le divertissement, selon le philosophe Blaise Pascal, est une pratique d'esquive, typique de l'existence humaine. Il s'agit de ne plus penser à quelque chose qui nous afflige, de nous détourner d'une réalité déplaisante. http://fr.wikipedia.org/wiki/Blaise_Pascal#Pens.C3.A9es

des raisons qui lui appartiennent et qui ne vous intéressent pas, il manque de motivation!

Ne plus prendre les choses personnellement consiste à vous réapproprier le pouvoir que vous aviez donné à cet inconnu. Pouvoir de vous évaluer à l'aune d'une grille qui lui est personnelle, pouvoir de vous comparer. Cessez d'accorder du crédit à son point de vue (s'il explique pourquoi il se retire du jeu) ou à son indifférence (il s'est volatilisé). Ne gâchez pas votre belle énergie à compenser l'image défaillante de vous-même qu'il a réveillée. Ne vous perdez pas non plus en «renarcissisations inutiles (fishing for compliment[53])».

S'il n'est pas pour vous, ne vous acharnez pas et intéressez-vous plutôt à celui qui vous regarde droit dans les yeux dès les prémices.

QUELQUES CONSEILS UTILES

Posez les questions essentielles[54] avant le rendez-vous pour éviter des surprises désagréables quant à votre prétendant. Découvrir qu'il a annoncé vingt kilos de plus que la réalité, 20 ans de moins et qu'en fait, il vit dans un studio avec sa mère dépressive ne vous enchantera guère. Vous pourriez vous sentir instrumentalisée et les mettre dorénavant tous dans le même panier alors que vous ne pouvez vous en prendre qu'à votre inconsciente légèreté.

Pendant l'entretien, restez dans l'ouverture, souriez, écoutez les ressentis que ses propos réveillent dans votre corps. Demandez-vous comment vous vous sentez en sa présence. Vous renvoie-t-il à l'auto-diagnostic 9, celui de vos ex? Augmentez votre vigilance. Cette fois, écoutez les signaux que vous n'aviez pas voulu voir à l'époque.

Fixez vos règles du jeu. Décidez quelle valeur vous vous accordez, ce que vous allez lui offrir (ou pas), bref à quelle sauce vous voulez bien être «mangée». Respectez vos valeurs, ne vous sentez obligée de rien et, s'il file à l'anglaise, vous n'aurez rien perdu: il n'était pas pour vous!

---

53. Rechercher les compliments.
54. Bénédicte Ann. *Le prochain, c'est le bon!*, Albin Michel, 2011.

Prenez le temps de le connaître, parlez, promenez-vous, dansez, faites du vélo...

S'il laisse entendre que le second tête à tête doit finir dans votre lit sinon il aura l'impression que vous manquez de motivation, ne vous en laisser pas conter : il parle de lui !

Laissez-le vous rappeler. Si votre charme l'a troublé, il vous le fera savoir rapidement, la plupart du temps d'ici vingt-quatre heures. S'il part quelques jours pour un déplacement professionnel, il vous préviendra. À défaut, il vous appellera dans une semaine quand il aura fait le tour de son harem.

Partagez vos valeurs, vérifiez que l'une ne pratique pas le polyamour quand l'autre prône la fidélité ou le contraire. Sans vous livrer à un interrogatoire, échanger sur ce qui a du sens (pour vous), sur votre vision de la relation, vous apportera plus d'informations que de ne pas poser de questions par peur de l'incommoder ou de le faire fuir.

Enfin, quand la fluidité vous tombe dessus, laissez-vous couler dans l'énergie de cette histoire, sans pour autant mettre des œillères.

POUR NUANCER

Certaines suivent les consignes à la lettre, remplissent consciencieusement leur cahier, s'appliquent en bonnes élèves. Elles mettent des mois, parfois plus, sans que rien ne se produise, quand d'autres survolent à peine le livre, retiennent une phrase, une action et « attirent » une âme sœur presque dans la foulée. Vous assistez là à un mystère de la vie, cette surprise de l'amour au sens où Marivaux[55] l'entendait. La comtesse, veuve inconsolable déclare « ne plus se soucier des hommes ». Et le chevalier pleure à jamais l'infidélité de sa maîtresse : peu de perspectives communes *a priori*, encore moins d'aptitude à l'amour. Et pourtant... Dans la vraie vie, les filles, uniquement concernées par l'héroïne, chuchotent l'histoire avec des airs conspirateurs : « Elle ne voulait plus entendre parler de la gent masculine tant elle tenait encore à son

---

55. Marivaux. *La Surprise de l'amour*, Gallimard, coll. Folio Théâtre, 2005.

mari» ou, variante, «tant il avait été odieux.» Et puis Il est arrivé, merveilleux, gentil, et sexy en plus. Et elle est heureuse. Personne n'aurait jamais parié sur un tel retournement.

De temps à autre, plutôt rarement il faut l'admettre, une élue (une ouvrière de la onzième heure qui récolte les fruits sans faire le travail?) bénéficie d'une chance insolente: elle l'a rêvé, Il a débarqué. Et Il ne la quittera pas dans deux ans. Elle ne lui découvrira ni harem, ni dettes, ni tare sexuelle. C'est tout simplement magique, une fois sur des milliers… Alors dans le doute, faites comme s'Il allait sonner à votre porte… Comportez-vous en bienheureuse, comme si tout dépendait de Dieu et rien de vous. Et cependant, agissez comme si tout dépendait de vous, et rien de Dieu!

Pour nuancer encore… Parfois, le seul fait de prendre soin de soi, de se faire du bien, débloque des situations figées. Ainsi se nourrir sainement, éviter le trop-plein de sucre et de matières grasses qui agissent comme des drogues contribuent à une bonne image de soi. En d'autres termes, s'informer auprès d'un naturopathe et d'un consultant en image personnelle ouvrira bien des portes.

EN RÉSUMÉ

Pourquoi je n'ai pas (encore) rencontré une âme sœur?

Parce que j'ai une piètre estime de moi.
Parce que je crois que je ne le mérite pas (alors que ma sœur, elle…).
Parce qu'il n'y en a pas un pour rattraper l'autre.
Parce que je ne me respecte pas.
Parce que je cache ma vulnérabilité sous une armure trop épaisse.
Parce que je ne laisse pas de place à l'autre.
Parce que je suis coupée de mon corps.
Parce que je ne sais pas ce que je veux.
Parce que je n'y crois pas.

Et vous, pourquoi n'avez-vous pas encore rencontré une âme sœur?
Parce que…

QUELQUES PISTES POUR ACCÉLÉRER LE PROCESSUS DE RÉSOLUTION

Je mets en place des résolutions sous forme d'actions : sorties, cours de rock, salsa, tango, échecs, informatique, soirées *dating*, voyagistes pour célibataires, associations, sites de rencontres communautaires ou pas[56] ; sport, alimentation, activités, relooking, nettoyage de printemps, pratique de l'auto-plaisir, du massage, etc.

Je prends le temps avant d'entrer dans l'intimité (cinq rendez-vous minimum, au moins la visite de son appartement, la fermeture définitive des comptes de sites Internet, etc.). Je prends rendez-vous avec un coach, un thérapeute ou un groupe de paroles, qui me suit et me recadre quand je m'emballe.

Approches et méthodes thérapeutique

Fréquenter les cafés Diagnostic amoureux…
www.leprochaincestlebon.com/loisirs/
… et les Cafés de l'amour.
www.cafedelamour.fr
S'inscrire sur un site qui propose des activités en développement personnel.
http://epanews.fr/

Suivre une retraite dans un monastère pour apprendre la pleine conscience, l'ici et maintenant. Passer plusieurs jours en résidentiel.
http://villagedespruniers.net/
http://www.ecole-occidentale-meditation.com

Fréquenter les groupes de paroles pour femmes
En région parisienne
http://geraldyneprevot.com/index.php?idr=7&lang=fr
http://www.lesfeminissimes.fr/

---

56. Bénédicte Ann. *Le prochain, c'est le bon !*, Albin Michel, 2011.

http://www.la-traversee.org/index.php?option=com_content&view=article
&id=48&Itemid=55
http://www.luna-femme.com/luna-femmes/luna_femme.php
http://www.feminisens.com/pages/Groupe_de_Therapie_pour_
Femmes-4537029.html

À Nantes
http://www.espacefloreal.fr/stages/cercle-de-paroles-de-femmes-etre-
femme.html

À La Rochelle
http://www.agnesonno.fr/groupe.html

En Normandie
http://www.mariongrall.com/coaching-enseignements/cercle-de-femmes.html

Entre Toulouse et Albi
http://sites.google.com/site/naturautan/lescerclesdeparoledefemmes

À Lyon/Thizy/ Saint-Étienne /Chambery/ Saint-Genis Lavala
http://francoisemarchand.fr/wp/2011/04/cercle-de-femmes/

À Montpellier
http://www.horizon-tantra.com/stage-secrets-de-femmes.php
http://lalouartao.com/blog/quintessence-feminine/

Entre Nice et Cannes
http://www.chantalcason.com/groupes-thérapeutiques/groupe-de-
parole-femmes/

À Aix-en-Provence
http://www.therapiepsychocorporelle.com/#/groupes

En Espagne, en France
http://www.carmenetmichel.com/ateliers_Plaisir-etre-femme%20.htm

En Belgique

http://db.amazone.be/association/1002758

http://www.feminisens.com/article-cercle-de-femmes-66234549.html

En Suisse

http://www.espritdefemme.ch/

http://www.cercle-de-femmes.com/programme

Neufchâtel : ac.bourquin@gmail.com

Au Québec

http://le-blogue-de-rfq.blogspot.com/

http://www.nouveau.qc.ca/libertel/7/210747.htm

http://www.lunasol.ca/

Pour aller un peu plus loin et pratiquer l'effeuillage
À Lyon, Valence

http://www.effeuillage-ophelie.com/

Pour se faire du bien

La naturopathie

http://www.naturopathiefrance.com

ma préférée : http://www.naturovie.fr

Le relooking

http://www.portail-relooking.com

Au Québec

www.annerichard.ca

Pratiquer le tantra

En région parisienne

Pour démarrer

http://www.bhagvati-tantra.com/

http://www.tantradianebellego.com/

Pour continuer
http://www.tantrachristinelorand.com
http://sudheer.free.fr/
http://www.carmenetmichel.com/

À Montpellier
http://www.horizon-tantra.com/
http://developpementintegral.com/

À Aix-en-Provence
http://www.univers-tantra.com

Entre Lyon et Genève
http://sudheer.free.fr/
À Salon de Provence
http://et-toi-le-corps.over-blog.fr/ »
En Belgique
Mon préféré : http://www.conscienceauquotidien.com/
http://www.votre-tantra.com/praticiens-du-tantra/praticiens-tantra/
deesses-messagers.html

En Suisse
http://www.etre-soi.com/

Pour les hommes qui veulent réellement s'engager et qui sont prêts à regarder en eux-mêmes, à contempler leurs peurs les plus profondes, leurs blessures du passé et plus particulièrement ce qui ne va pas dans leur vie :
http://mkpef.mkp.org/
http://www.tropgentilpouretreheureux.com/

À Rennes
http://www.cabinet-adele-de-bretagne.fr/groupe_de_parole.html

À Montpellier

http://www.carmenetmichel.com/ateliers_Hommes_Libres.htm

Pour promouvoir l'égalité hommes-femmes

http://www.parolesdefemmes.org

Conclusion

Félicitations, vous êtes arrivée au bout de cet ouvrage ! Vous avez sans doute analysé quelques mécanismes de répétition, élucidé un ou deux conflits de loyauté et pris de nouvelles résolutions : habiter davantage votre corps, fréquenter de nouveaux lieux et, accessoirement, suivre un stage sur mesure pour vous libérer de pesanteurs du passé, que vous ne cautionnez plus.

Si vous deviez retenir trois points importants, ils se résumeraient ainsi : intention, énergie, ouverture. Et pour cause ! L'intention cristallise la somme de vos pensées et de vos croyances. Porter le projet « trouver une âme sœur » dépend de votre capacité à y adhérer, de votre foi en cette rencontre et, surtout, de votre talent à transformer cette intention en action. Dans cette perspective, l'énergie investie le sera à la mesure de votre mobilisation. De surcroît, votre rayonnement viendra, en partie, de cette conviction d'une évidence imminente. Seuls l'ouverture et le fait de respirer malgré les contrariétés qui ne manqueront pas d'advenir vous permettront d'entrer en lien avec une personne animée des mêmes intentions, desseins et valeurs que vous. Si vous savez ce que vous avez envie de partager, l'autre le saura aussi.

Quand le moment sera venu, car il viendra, face à cet homme, posez-vous, écoutez votre ressenti. Attardez-vous à ce qu'il ne dit pas, mais que votre corps entend. À la première manifestation de ce dernier (voir autodiagnostic 9), revenez à vous-même et demandez-vous si la fluidité et la joie du moment l'emportent sur cette intuition désagréable. Dans tous les cas, prenez le temps de la découverte, explorez-vous à travers des activités communes, observez si le calendrier de vos échanges vous convient et, surtout, laissez à votre nouveau partenaire cet espace dont il a besoin pour se déployer, pour que sa sensibilité s'exprime en toute confiance. Encouragez ses tentatives, sortez de votre carapace, montrez votre vulnérabilité, parlez vrai. Alors, peut-être, il se découvrira lui aussi, et votre histoire démarrera sur des bases authentiques.

Et n'oubliez pas : vous respecter, c'est vous faire respecter.

Liste des autodiagnostics

Table des matières

Pour joindre Bénédicte Ann

benedicteann@gmail.com
www.cafedelamour.fr
www.leprochaincestlebon.com
www.autodiagnosticamoureux.com

Suivez-nous sur le Web

Consultez nos sites Internet et inscrivez-vous à l'infolettre pour rester informé en tout temps de nos publications et de nos concours en ligne. Et croisez aussi vos auteurs préférés et notre équipe sur nos blogues!

EDITIONS-HOMME.COM
EDITIONS-JOUR.COM
EDITIONS-LAGRIFFE.COM

MARQUIS

Marquis imprimeur inc.

Québec, Canada
2011
Achevé d'imprimer au Canada
sur papier Enviro 100% recyclé